우리는 서로를 모르고

오수영

고어라운드

관계의 소멸을 대하는 태도

* 일러두기

- 작가 특유의 문체를 지키기 위한 비문이 포함되어 있습니다.
- 글이 나열된 순서는 특정한 사건과 흐름을 따르지 않습니다.

순간과 기억

2015~2018

서문

　육 년 전 초여름. 이 책을 처음 출간했던 그때의 나는 어떻게든 회사와 조직 문화에 적응하려 애쓰던 늦깎이 신입 승무원이었다. 항공사에 취직하기 전까지는 오랫동안 영화 시나리오 작가를 꿈꾸던 열정적인 습작생이었지만, 불안한 미래를 핑계로 도망친 이상 더는 미련 두지 않으려 했다. 하지만 이미 몸에 밴 기록하는 습관은 환경이 변해도 좀처럼 사라지지 않았다. 오히려 지나치게 많은 사람들 틈에서 마음이 함몰될수록 억지로 외면했던 그 습관이 일상의 단단한 굴레를 뚫고 되살아났다. 그렇게 다시 시작한 글쓰기에 기대어 직장 생활의 고충을 묵묵히 버텨냈고, 어느새 예전처럼 삶의 한 축이 된 글쓰기는 일과 꿈 사이의 새로운 균형이 되었다.

　그때는 몰랐다. 마지막 출판물이 될 줄 알았던 이 책이 새로운 시작이 될 줄은. 혼자 쓰고 만드는 일을 이렇게 끈질기게 부여잡게 될 줄은. 누구도 억지로 떠밀지 않았고, 나조차 글을 쓰는 명확한 이유도 목표도 없었다. 하지만 비행 근무 후 녹초가 된 몸을 이끌고 책상 앞에 앉았던 수많은 날들 중 단 한 순간도 행복하지 않았던 적은 없었다. 몸살을 앓아도 가슴은 뛰었고 고독했지만 충만했다. 아무런 계산 없이 사랑에 빠지는 일이란 오직 이성 간의 낭만적인 사건이라 믿었는데. 정신을 차리고 보니 어느새 나는 다시 글쓰기를 맹목적으로 사랑하는 사람이 되어 있었다. 이유는 없지만 사랑하는 일. 목표는 없지만 계속하는 일. 글쓰기를 향한 나의 마음을 이보다 더 자세히 설명할 방법은 없었다.

하지만 내가 사랑한다는 이유가 다른 사람도 내 글을 사랑해야 할 이유가 될 수는 없었다. 사람은 자신의 마음을 따라서 사랑할 뿐 누군가의 강요로 사랑에 빠지진 않을 테니까. 어쩌면 이 책을 개정한 이유도 비슷하다. 사랑에 빠지면 상대에게 끝없이 환상을 갖는 것처럼 나 또한 내 글에 지나치게 관대했다. 즐겁게 썼다는 이유로. 꾸준히 썼다는 이유로. 분량을 채웠다는 이유로. 누군가는 나만큼 내 글을 사랑으로 읽어주길 바랐다. 시간은 성실하게 흘렀고. 모처럼 다시 읽은 그때의 내 글들은 한없이 미숙하고 미흡할 따름이었다. 하지만 그렇다고 지금의 생각과 감정으로 대체할 수는 없었다. 그렇게 되면 이 책은 과거의 나도 현재의 나도 아닌 전혀 모를 낯선 사람의 책이 될 것이라 믿었다.

결국 그 시절의 나를 지우고 새롭게 쓰는 것보다는 그럼에도 대부분 남겨둔 채 지금의 손길로 다듬는 쪽을 선택했다. 글의 순서를 다시 나열했지만 글을 삭제하거나 추가하진 않았다. 책의 판형과 표지를 기존 책들과의 통일성을 위해 변경했고, 가독성을 위해 글씨체와 자간 또한 변경했다. 물론 이 변화들로 나의 의도와는 전혀 다르게 이전보다 사랑받지 못하는 책이 될 수도 있겠지만, 지난 육 년 동안 내내 그리고 앞으로도 내가 가장 사랑할 책이라는 생각에는 변함이 없다. 만약 내게도 글과 책에 대한 아무런 기대와 걱정도 없이 오직 사랑과 행복만으로 전념했던 시절이 있었다면, 바로 이 책을 쓰고 만든 때가 유일했기 때문이다.

하지만 불안과 걱정이 더해진 이후에도 글쓰기를 향한 마음만큼은 여전한 걸 보면 이제 더는 그 사랑을 설명할 길이 없다. 다만 사랑하지 않을 때까지 계속 쓰는 수밖에는.

2024년 늦봄
오수영

1부. 기억으로부터

만남없는 세대	15	멀어지는 일	48
오래된 아이들	17	악필의 사연	49
마음이 낡길 바라는 마음	19	녹슬지라도 영원한	53
전혜림과 학림다방	23	어디로부터 어딘가로	56
환절기	26	안개와 연인들	57
꿈의 몰락	28	고전을 읽는 밤	60
방랑자의 삶	32	진심이라는 말	63
빗속의 산책	34	오래된 서적	65
맥가이버 아저씨	38	짧은 연애 소설	67
우리들의 추억	41	영원에 관여하는	71
몰랐던 당신과 몰랐던 나	46	오늘의 선곡	73

2부. 생각으로부터

식물과의 대화	77	삶의 나침반	108
마음의 생김새	80	어른의 삶	111
떠나보내며	82	자취의 역사	113
편지의 무게	85	글을 쓴다는 것	118
사랑과 이별의 말들	86	위로 전문가	120
밥벌이의 고단함	88	해석된 풍경	123
날마다 작별하는	91	길치의 마음	125
회복실	93	보통의 삶	128
빈센트	97	연극의 공간	132
사랑과 미로	100	감정놀음	134
기록하는 일	102	이뤄질 수 없는 약속	139
흔들리는 자화상	104		

3부. 마음으로부터

목욕탕 가던 날	143	사랑보다 중요한 것들	172
달의 영역	146	독서의 마음	174
나를 감싸는 시선	148	타인이라는 중력	177
희망이 깃들길	149	일상의 이면	180
파리의 청년들	151	웃는 얼굴	184
이국의 거리에서	154	낭만의 이면	186
계절을 앓는 사람들	156	뜻밖의 선물	188
회색 취향	160	자백하는 날	189
오늘의 기분	162	진찰	192
바쁘다고 말하겠습니다	164	유흥의 거리	195
명절의 아이러니	166	항공 노동자의 기록	197
냉소를 품은 사람들	169		

1부

기억으로부터

만남 없는 세대

인스타그램을 부유하는 우리
제3의 관계, 이미지에 매혹 당한 사람들

우리는 실시간으로 연결되어 있지만 만나지 않는다. 언제나 서로라는 존재의 곁을 맴돌지만 마주치지 않는다. 우리는 서로의 실명을 모르고 서로의 민낯을 모른다. 우리는 서로가 꾸며놓은 각자의 공간을 구경하며 그것이 서로의 본모습이라고 믿는다. 이미지가 사람을 대변해 줄 수 없다는 것을 알면서도 우리는 서로가 정성껏 꾸며놓은 이미지에 휩쓸리듯 빠져든다.

그렇게 오래도록 닫혀있던 자신의 마음을 열고, 서로에게 한 걸음 더 다가서는 용기를 낸다. 서로의 방문을 두드리기도 하고, 창문 너머로 방안을 훔쳐보기도 하고, 가끔은 남몰래 꽃다발이나 배설물을 방안에 던져놓기도 하면서. 하지만 아무렴 큰 문제는 발생하지 않는다. 우리의 생각과 다른 상대방의 이미지를 발견하면 다시 방문을 닫으면 그만이다. 어차피 우리는 서로를 모르는 익명의 사람들이니까.

현실 속 사람들은 자신의 방문을 좀처럼 열지 않는데 온라인 속 가상의 이미지를 향한 마음의 문은 느낌만으로도 흔쾌히 열린다니 아이러니하다. 우리는 숱한 이미지와 낱말들을 공유하고, 때로는 현실에서 만나 서로의 상반되는 모습을 들키며 새로운 관계의 형태에 적응해간다. 그렇게 우리는 늘 서로에게 스치듯 머물고, 머물듯 스치고야 만다.

하지만 가끔은 내가 온라인에서 마주친 이렇게나 매력적인 당신의 이미지가 정말 당신의 본모습이기를 바라기도 하면서. 그렇다고 무심히 흘려보낼 수 없는 일이다. 어떠한 경우에도 우리는 서로 긴밀히 연결된 이미지들이기 때문이다. 만난 적 없지만 만났던 것 같아서, 이별한 적 없지만 이별했던 것 같아서, 우리는 이곳에서도 서로를 쉽게 떠나지 못한다.

어쩌면 사람과 마음의 연결이란 애초부터 현실과 가상의 분리가 무의미한 영역이 아니었을까.

오래된 아이들

　우리는 매일을 마주했다. 하루의 일과처럼. 매 순간 서로의 존재를 확인했고, 무수한 메시지가 서로의 수신함을 가득 채웠다. 침묵에도 자신을 꿰뚫어보는 존재가 있다는 건 우리의 설익은 청춘의 단물과도 같았다.

　중심의 궤도에서 조금씩 벗어나 있던 우리는 각자의 방식으로 통행권을 만들어 간신히 어른의 세상에서 입국했다. 그 후. 매일을 마주하던 우리의 만남은 뜻하지 않게 기약 없는 약속이 되었다. 이따금 만남이 이뤄지는 날의 우리는 서로의 어깨에 하얗게 쌓인 비듬 같은 세상의 때를 말없이 털어주기 시작했다.
　시간의 흐름을 따라 우리 사이의 빈 공간에 서로가 모르는 부분들이 서서히 자라나기 시작했지만, 우리는 그러한 불가피한 변화를 대수롭게 여기진 않았다. 골조가 튼튼한 구조물은 좀처럼 균열이 발생하지 않는 것처럼 오랜 세월의 끈덕진 힘으로 결속된 관계는 웬만한 변화에도 쉽게 휩쓸리지 않으리란 믿음 덕분이었다.

어떠한 계산도 없이 오직 함께 어울린 시간만으로 모든 걸 공유하는 사이가 된다는 건, 어쩌면 특정한 시절에만 주어지는 선물이 아니었을까. 자꾸만 어깨에 쌓여가는 세상의 때가 무거워진다. 아무리 털어내려 애써봐도 끈질기게 어깨에 붙어있는 걸 보면, 아마도 그건 때가 아닌 우리가 스스로 얹혀놓은 세상의 짐인지도 모르겠다.

사람들은 우리가 어른의 세상에 입국할 때 내밀었던 통행권이 실은 가짜였다는 걸 모른다. 하지만 통행권이 진짜였든 가짜였든 그건 중요하지 않다. 어차피 우리는 사람들에게 어른인 척 연기하고, 그들 또한 제대로 된 통행권을 받아본 적 없었을 테니까. 이렇게 된 이상 우리는 어엿한 어른이라며 자신마저 속이는 수밖에 없다.

만들어진 어른들로 들끓는 세상이다.
우리들처럼.

마음이 낡길 바라는 마음

 마음도 세월과 함께 낡길 바랍니다. 세월은 저를 결코 비껴가지 않고 성실하게 육신을 낡게 합니다만, 이상하게도 마음만큼은 낡지 않고 언젠가 어릴 적 그때처럼 여리고 나약하기만 합니다. 물론 순수한 감정이 남아있다는 건 감사한 일이겠지만, 그 마음을 간직한 채 사람들과 부대끼며 사는 일에는 많은 불편함이 따릅니다. 이제는 어른답게 조금은 낡고 녹슨 마음으로 세상을 바라봐야만 하는데, 자꾸만 소년의 마음이 주제도 모른 채 얼굴을 내밀고 장난을 칩니다. 하지만 저는 무턱대고 긍정적이고 낭만적인 사람은 아닙니다. 오히려 감성을 지울 만큼 지극히 현실적인 사람이라고 믿습니다. 현실이라는 토양에서 제가 바라는 것들이 충족되어야만 비로소 그 위에 낭만의 씨앗을 심을 수 있는 부류입니다.

 순수와 동심은 어른의 세상에서 대체로 방해가 됩니다. 냉철하게 올라설 수 있어야 하는데 계산에 밝지도 못하고, 마음마저 여려서는 아무리 본질을 앞세워 봐야 누구도 귀 기울여주지 않습니다. 사람들은 양보와 배려 앞에서 좀처럼 고마워하지 않고, 간혹 아이 같은 마음을 발견하면 감탄을 하면서도 얕잡아보며 쉽게 밟고 일어서려 합니다. 이렇게 나약하고 순수해 빠진 녀석은 감히 나의 경쟁자가 될 수 없다고 단정 짓는 모양입니다. 저는 운전을 할 때도 늘 먼저 양보를 하는 편인데 그건 따뜻한 배려보다는 불편한 상황을 사전에 차단하는 불안에 가까운 마음입니다. 그렇지만 모든 상황에 늘 양보로 일관하는 편도 아닙니다. 저도 온전히 제 몫이라 생각하는 부분에서는 한 치의 양보도 없는 평범한 사람일 뿐이지만 다만 남의 몫까지 탐내고 싶진 않을 뿐입니다.

비록 생활의 반경은 비좁은 삶이지만 누군가 그것을 침해하려 한다면 저는 모든 일을 제쳐놓고 반경 안의 생활을 철저하게 지켜냅니다. 누군가 저를 지나쳐서 저 멀리 앞서 가는 일에는 전혀 개의치 않지만, 만약 누군가 제 반경을 침해하고 관통하면서까지 앞서 가려 한다면 그것은 용납할 수 없습니다. 사람마다 각자의 삶의 방식이 있다는 건 인정하지만, 그것 또한 상대방에게 피해를 주지 않을 때만 수용 가능한 이야기입니다. 어린아이들에게서 자신의 것과 자신의 영역에 대한 강한 소유욕을 목격할 수 있는 것처럼, 낡지 않는 마음을 간직한 사람의 경계심도 아이들의 그것처럼 필사적입니다. 남들과

달리 이렇게나 순수하다는 자랑이 아닙니다. 오히려 그런 사람이라 조금은 부끄럽고, 또 조금은 불편하다는 불만에 가깝습니다.

물론 마음이 늙지 않으면 좋은 점들도 많습니다. 언제나 소년의 시선으로 세상을 바라볼 수 있고, 소년의 마음으로 사랑에 빠지기도 하고, 또 그만큼 이별에 참혹하게 슬퍼할 수도 있으니까요. 게다가 사소한 일들에 온종일 웃음을 짓거나 눈물을 흘리기도 하는데, 이따금 눈물을 흘리는 제 모습을 누군가에게 발각될 때면 당장이라도 숨고 싶은 마음뿐입니다. 우는 아이는 누구라도 달래주기 마련이지만, 우는 어른을 달래주는 사람은 생각보다 많지 않습니다. 영화를 보다가, 음악을 듣다가, 책을 읽다가 불쑥 눈물을 흘리는 어른을, 만남과 이별 앞에서 모든 걸 내팽개칠 만큼 열성적인 어른을 곁에 둔다는 건 피곤한 일이니까요. 무뎌지고 차가워지고 싶다는 숱한 다짐과 결심도 결국 사람의 감정과 마음 앞에서는 또다시 속수무책이 됩니다.

누군가는 순수를 간직한 채 살아간다는 건 축복이라고 말하지만, 막상 그 마음을 품에 안고 살아가는 당사자의 입장은 사회와 사람 속에 섞여들지 못하고 배회하는 기분입니다. 하지만 이것이 마음이 천천히 늙는 자들의 숙명이라면, 저는 그것을 온전히 받아들인 채 길들이고 싶습니다. 만약 제 안에 여전히 맑고 따뜻한 마음이 존재한다면, 그 마음을 지켜준 제 곁의 사람들과 나누고 싶습니다. 물론 상처받는 일들 또한 여전히 두렵지만, 가만히 상처가 아물기만을 기다릴 수는 없으니까요. 마음이 세월을 따라 고스란히 낡길 바란다는 마음은, 어쩌면 제 몸은 무너져도 상관없으니 부디 마음만은 낡지 않길 바라는 절실한 마음인지도 모르겠습니다.

전혜린과 학림다방

대학로의 학림다방은 1956년부터 현재까지 영업을 이어온 살아숨쉬는 역사의 흔적이다. 다방은 긴 세월 동안 같은 자리를 지키내며 얼마나 많은 청춘들의 방황과 사랑을 품어냈을까. 낡은 테이블에 고스란히 남아있는 그 시절 청춘의 낙서들, 널찍한 선반을 가득 메운 오래된 레코드판들, 그리고 곳곳에 붙어있는 시대를 풍미한 가수들의 포스터는, 비록 그 시절을 살아본 적 없는 지금의 청춘들에게도 향수를 불러일으키기 충분하다. 게다가 전혜린이 애정하던 장소라는 것만으로도 내게는 낭만과 동경의 장소가 되었다.

수필가이자 번역가였던 전혜린(1934~1965)은 한국 여성 최초의 독일 유학자, 독문학자, 대학교수, '헤르멘 헤세'의 『데미안』을 비롯해 '프랑수아즈 사강'과 '루이제 린저'의 유려한 작품들의 번역가로 알려졌다. 동시에 부유한 친일파 아버지를 둔 기득권, 시대에 맞지 않는 감성적인 글만을 쓴 작가, 그리고 끝내 스스로 생을 마감한 사람으로도 알려졌다. 이렇게 그녀의 생애를 바라보는 다양한 사실과 시각이 존재하는 건 분명하지만, 혼돈의 시절에 여성 지식인으로서 사회와 청춘들에게 반향을 일으켰던 것 또한 부정할 수 없는 사실이다.

짧은 생애 동안 그녀가 쌓아올린 지적인 생산활동의 결실은 어쩌면 독일 뮌헨의 몽환적인 안개속을 거닐며 체화한 철학적 사유와 인식의 산물이 아니었을까. 이방인으로서의 사무치는 고독 또한 그녀를 완전한 자유와 정신적 고양으로 이끌어준 동력이었을 것이라 짐작한다. 하지만 그녀의 결혼과 출산, 그리고 귀국 후의 삶은 녹록지 않았던 한국 사회로의 재적응과 불균형한 일상을 여실히 말해준다. 그녀의 에세이 『그리고 아무 말도 하지 않았다』를 읽다 보면 그녀를 가장 고통스럽게 했던 건 다름 아닌 '정신적인 고갈'의 상태라는 것을 알아챌 수 있는데, 어쩌면 그 상태의 지속과 변화의 불가능성이 삶과의 영원한 작별이라는 그녀의 마지막 선택에 적잖은 영향을 끼치지 않았을까.

사람들이 전혜린의 삶을 바라보며 흔히들 '타올랐다'고 표현하는 건 그녀가 자신의 생이 타오를 만큼 단 한 순간도 헛되이 보내지 않았기 때문일 것이다. 전혜린은 짧은 생을 살다가 떠났지만 사람들은 여전히 그녀를 읽는다. 그녀가 남긴 글들은 어떤 시대에 읽더라도 청춘의 시절을 보낸 사람이라면 누구나 공감할 법한 보편적인 주제와, 올곧은 정신과, 세련된 문체로 이루어져 있다. 그녀가 시대를 등진 글만을 썼다는 비판은 동시에 그녀의 글이 시대를 불문하고 널리 읽힐 수 있다는 모순적인 방증이 되었다. 무엇보다 글보다는 영상과 이미지가 익숙하고, 짤막하고 자극적인 콘텐츠의 홍수에 집중력을 빼앗긴 지금의 우리에게, 진솔하고 열망 가득한 그녀의 책은 커다란 경종을 울린다.

독일 철학자 한병철은 저서인 『피로사회』에서 시대마다 고유한 질병이 있다고 말한 적이 있다. 그렇다면 이 시대의 질병이란 결국은 '정신의 결핍과 고갈'이라고 말할 수도 있을까. 시대정신의 상징이던 우리가 잃어버린 문학청년들은 과연 다시 돌아올 수 있을까. 혹은 지금의 청년들은 이미 시대에 맞는 새로운 낭만과 문화를 즐기며 살아가고 있는데, 오직 문학과 독서만을 고집하는 건 지나치게 구시대적인 우려일까. 누구도 정답을 알려주지 않는 불투명한 인생 앞에서 단지 간편하고, 단순하고, 즐겁게 살기도 바쁠 텐데, 구태여 혼자만 뜨거운 열망과 올곧은 정신을 유지하기 위해 발버둥칠 필요는 없을 것이다. 하지만 이렇게 살아도 충분히 괜찮은 삶일지 묻고 싶다. 여전히 우리 곁에 살아있는 뮌헨의 문학소녀 전혜린에게.

환절기

계절이 바뀌는 길목이다. 아침과 저녁의 기온 차가 심해지면 사람의 면역력은 떨어지고, 병원은 온통 감기 환자들로 북적인다. 기온 차에 유난히 취약한 나로서도 이 길목을 지날 때마다 몸살을 앓는다. 평소에 꾸준히 운동을 하고, 섭생을 중요하게 여기며 건강 관리를 해봐도 환절기 앞에서는 모두 헛수고가 된다. 그럴 때면 나는 환절기를 대비하는 평소 습관들의 무의미와 환절기 자체에 대한 원망을 품는다. 어차피 결국 예정된 일처럼 몸살을 앓을 것이라면, 건강한 일상을 위한 모든 습관들이 동력을 상실하기 마련이니까.

그런데 우리는 계절이 바뀔 때만 환절기 몸살을 앓는 것이 아니다. 우리 곁의 인연이 떠나가고, 또 다음의 인연이 찾아올 때까지. 그 고독한 변화와 적응의 길목에서도 마음의 몸살을 앓는다. 그렇다면 그 길목을 관계의 환절기라고 불러봐도 될까. 어제와 오늘의 감정의 기온 차가 극단으로 치닫는 날들과 맞닥뜨리면 우리는 좀처럼 그 변화에 적응하지 못한 채 마음을 앓는다. 사랑과 만남에 대한 평소의 정성과는 상관없이 영문도 모른 채 관계의 환절기에 들어선 연인들은 그들의 지난 계절을 황망하게 바라볼 뿐이다. 우리의 시간들은 모두 어디로 사라진 걸까. 이별할 줄 알았더라면 사랑하지 않았을 텐데.

하지만 관계의 환절기가 존재하는 이유는 우리에게 오직 슬픔과 아픔만을 안겨주기 위해서는 아닐 것이다. 누군가 곁에 없다는 허전함에 이 길목을 거치지 않고, 곧장 다음의 계절과 인연으로 건너가게 된다면, 어쩌면 지나간 사랑과 똑같은 결말이 발생하지 않을까. 지금의 우리에게 가장 절실한 것은 다음의 인연이 아닌 성찰의 시간이다. 환절기에 머무르며 우리의 사랑이 끝났다는 사실을 인정하고, 끝내 알 수 없을 그 원인에 대해 계속해서 파고들며, 돌이킬 수 없는 지난날에 부질없는 후회와 반성을 해볼 시간. 그 충분한 시간만이 우리의 현재와 미래의 사랑을 한층 더 성숙하게 만들어준다고 믿는다.

어쩌면 환절기라는 길목은 지나간 계절과 다가올 계절 사이의 일종의 작별인사가 아닐까. 그동안 내게 머물던 계절을 떠나보내는 마음과, 앞으로 내게 찾아올 계절을 환대하는 최소한의 예의와 마음의 준비. 계절의 변화에도, 그리고 인연의 변화에도 우리에게는 적당한 환절기가 필요하다.

꿈의 몰락

    93년의 대전이었다. 초등학교가 아닌 국민학교에 갓 입학에서 반 아이들의 이름을 서서히 익혀가던 무렵이었다. 그해에 대전 엑스포가 열렸다. 날마다 전국에서 수많은 인파가 몰려왔고, 입장을 하려면 최소 서너 시간은 광장에 앉아서 기다려야 할 정도로 선풍적인 인기를 끌었다. 대전이 고향인 나로서는 그렇게 근사한 행사가 집 근처에서 열린다는 점이 그렇게나 자랑스러울 수 없었다. 대전을 벗어난 적 없었던 나는 하늘 가까이 솟은 한빛탑이 한국에서 가장 높은 탑인 줄로만 알았다.

    당시의 우리는 엑스포 내의 꿈돌이 동산에 푹 빠져 있었다. 지금은 꿈돌이랜드라는 이름으로 알려졌지만 원래의 명칭인 동산이 내게는 훨씬 정겹게 느껴진다. 그때만 해도 대전에는 테마파크가 없었는데 새로 들어온 바이킹이나 청룡열차를 비롯한 낯선 놀이기구들이 우리를 사로잡았다. 그리고 그곳에는 엑스포의 마스코트였던 노랗고 동그란 꿈돌이가 있었다. 외계에서 찾아온 꿈돌이는 우리들에게 그 이름처럼 많은 꿈을 불어넣어 줬다. 지금의 아이들은 어떨지 모르겠지만, 그때는 학교에서 꿈을 적어서 제출할 때 대부분 대통령, 과학자, 소방관, 선생님을 적던 시절이었다. 우리는 꿈돌이의 기운을 받았다는 이유만으로 이미 꿈에 가까워졌다고 믿었던 순진무구한 아이들이었다.

우리는 초등학교와 중학교를 졸업할 때까지 해마다 꿈돌이 동산으로 소풍을 떠났다. 우리가 꿈돌이를 사랑했다는 건 분명했지만 그렇다고 소풍 때마다 꿈돌이를 보고 싶었던 건 아니었는데. 물론 학교의 입장은 그곳이 가장 가깝고 아이들이 놀기 적당한 곳이라는 이유였지만, 실은 꿈돌이 동산이 재정위기에 처해있어서 대전의 모든 학교가 억지로 그곳을 선택해야만 했다는 걸 모르는 아이들은 없었다. 우리에게 꿈을 불어넣어 주던 선량한 꿈돌이가 실은 우리의 코 묻은 돈을 먹으며 간신히 연명하고 있었다는 사연은 씁쓸했지만, 그 정도의 이유로 꿈돌이를 향한 대전 사람들의 맹목적인 사랑은 변하지 않았다.

그렇게 학창시절은 쏜살같이 흘러갔고, 나 또한 대학 진학을 위해 대전을 떠났다. 그 후로 많으면 두 달에 한 번씩 서울과 대전을 오가며 살았다. 간혹 가족들과 함께 산책할 겸 들렀던 엑스포 광장에는 어느새 낯선 음악 분수가 설치되어 있었고, 이따금 엑스포 다리에서는 와인 축제 같은 크고 작은 행사들이 열리고 있었다. 그렇게 꿈돌이 동산과 엑스포는 대전시와 시민들의 다양한 노력으로 간신히 명맥을 유지해 나가는 것처럼 보였다. 계절이 바뀌고 자연스레 나이가 들면서 더는 꿈돌이 동산을 찾지 않게 되었을 무렵. 우연히 입구에 설치된 출입금지 팻말을 목격한 순간부터 비로소 꿈돌이 동산의 위기를 실감하기 시작했다. 팻말 너머 오래도록 제자리를 지키던 샛노랗던 꿈돌이 조형물도 어쩐지 구정물이 묻은 아이처럼 안쓰러워 보였다. 그리고 그 순간이 꿈돌이와의 마지막 만남이 될 줄은 상상조차 하지 못했다.

꿈돌이 동산이 정확하게 언제 문을 닫았는진 모르겠다. 어른이 되느라 정신이 없었고, 직장에 적응하느라 분주했다. 그렇게 자연스레 어릴 적 친구였던 꿈돌이를 떠올려볼 마음의 여유가 없었다. 하지만 최근 인터넷에 떠다니는 흉물이 된 꿈돌이 동산의 사진들을 보고 적잖은 충격을 받았다. 합성인진 모르겠지만 늘 아이들을 반갑게 맞이해줄 것만 같던 작고 노란 꿈돌이가 거꾸로 고꾸라져 있는 모습과, 놀이기구들이 철거되어 폐허로 변한 동산의 모습을 목격하고는, 어쩐지 나의 꿈 같았던 시절까지 함께 폐허가 된 듯한 기분이 들었다. 그 시절 꿈돌이와의 추억을 간직한 사람들이라면 그 사진을 단지 조형물 하나가 철거된 작은 사건으로만 받아들이진 않았을 것이다. 꿈돌이의 소멸은 우리가 그 시절 마음 깊숙이 품었던 꿈의 몰락과도 같은 의미일 테니까.

평소에는 관심도 없다가 뒤늦게 발견한 사진들에 마음이 소란한 걸 보면, 부재일 때만 비로소 소중함을 깨닫게 되는 것들이 많은 듯해서 참 쓸쓸하다. 우리의 꿈들을 대신 품어주던 꿈돌이가 있었고, 자신 있게 공책에 적을 만큼 꿈이 명확했던 그 시절은 이제 저만큼 멀어졌다. 나는 이제 그때의 꿈이 무엇이었는지 기억조차 하지 못하는 시절을 살아가고 있지만, 다만 가끔 생각날 때 마음속에서 그 시절을 꺼내볼 수 있음을, 그리고 같이 공유할 수 있는 사람들이 곁에 있음을 다행이라 여긴다. 나의 꿈을 말없이 들어주고 믿어주던 머리맡의 작고 노란 꿈돌이 인형이 그리운 날이다. 시간은 계속해서 기억을 밟으며 지나간다.

방랑자의 삶

 승무원인 나의 일상은 언제나 잠시만 아늑하다. 날마다 그 아늑함에 젖어들 무렵 또다시 세상을 떠돈다. 방랑하는 삶을 살아갈수록 머무름에 대한 근원적인 갈망이 쌓여간다. 한 곳에 정착하지 않고 떠도는 삶이란 분명 누군가에겐 선망의 대상이 될 수도 있다. 게다가 그러한 일상에서 얻을 수 있는 이색적인 경험은 무엇과도 바꿀 수 없는 값진 선물이기도 하다. 하지만 방랑의 대가로 일상의 많은 부분을 체념해야 한다는 건 또 다른 문제다.

 방랑하는 삶은 사랑하는 사람들에게 서운함을 남긴다. 스케줄 근무의 특성상 그들에게 늘 부재하는 사람이 된다는 것. 처음의 아쉬움과 서운함도 서서히 익숙함이 되고. 끝내 부재가 당연한 사람이 된다는 것. 얼떨결에 방랑하는 삶에 관여하게 된 내 곁의 사람들은 나의 주기적인 연락두절과, 때마다 바뀌는 시차에 함께 시달리고, 단순한 만남의 약속을 잡을 때도 수없이 나의 일정을 묻는. 그럴 때면 나는 늘 불규칙한 비행 스케줄을 핑계로 사과를 반복하지만, 사과의 마음도 머지않아 무뎌진다는 점이 속상하고 미안할 따름이다.

불가피한 일이다. 장점도 많은 직업이니 잃는 것도 많을 뿐이다. 이렇게 말하며 자신을 타일러봐도 어쩐지 가장 소중한 것들부터 균열이 발생하는 것 같다. 그럼에도 이 직업을 놓을 수 없는 지금의 나는 새로운 마음으로 강인하고 이기적인 다짐을 해본다. 방랑하는 삶 속에서도 당신들과의 인연을 절대 놓지 않을 것이라고. 만남의 주기가 멀어져도 나는 언제나 같은 곳에서 당신들을 기다리고 있을 것이라고. 방랑할수록 당신들과의 물리적인 거리는 멀어지고 있지만 마음의 거리만큼은 지난날처럼 여전하다고.

그렇게 간절한 마음들로 늘 머나먼 나라에서도 당신들을 내 곁으로 끌어당기고 있다는 걸. 언젠가 조금은 알아줄 수 있을까.

빗속의 산책

*

빗속의 산책을 나선다. 맑은 날의 산책이 몸의 건강을 위한 의지에서 비롯된 행위라면, 비 내리는 날의 산책은 의지와는 상관없는 본능적인 끌림이다. 커다란 우산을 쓰고 천천히 빗길을 걷는다. 빗속의 사람들은 모든 움직임이 평소보다 조심스럽다. 우산 속으로 들이치는 빗줄기에 몸을 움츠리고, 우산에 시야가 가려져 혹시나 다른 사람이나 자동차에 부딪히진 않을까 주위를 둘러보고, 빗물이 한데 모여 만들어낸 물웅덩이에 발이 빠질까 걸음이 신중하다.

*

빗길은 일상의 균형을 미끄러뜨린다. 앞만 보며 걷던 사람도, 가속 페달을 밟던 자동차도, 그리고 아물었던 마음까지도. 비 내리는 날에는 속수무책으로 중심을 잃고 미끄러진다. 그렇게 중심을 잃고 미끄러진 것들은 한동안 좀처럼 일어나지 못한다. 평소라면 별일 아닌 듯 바지를 털며 금세 일어났을 텐데 어쩐지 빗길에서는 그 사소한 일조차 버겁게 느껴진다. 영화 속 처량한 주인공처럼 옷도 마음도 흠뻑 젖은 채 빗물이 흘러가는 모습을 망연하게 바라본다. 그러다 문득 이대로도 생각보다 괜찮다는 이상한 기분에 잠긴다.

*

우산을 내려둔 채 빗줄기를 온몸으로 받아내 본 사람들은 안다. 얼굴로 쏟아지는 빗줄기의 압력과 촉감이 얼마나 커다란 해방감을 안겨주는지. 빗물을 애써 막아낼 때와 그대로 받아낼 때의 마음이란 얼마나 다른지. 빗물은 사람의 몸과 마음을 적시고 길을 따라 유유히 흘러간다. 흘러가고, 또 흘러가다 그리운 누군가의 발치에 닿아 오래된 안부가 전해지길 바라는 낭만을 꿈꾸게 한다. 어쩌면 빗물은 애써 중심을 잡고 살아가는 사람의 마음을 한순간의 흩뿌림으로 뒤흔드는 얄궂은 존재인지도 모른다.

*

    비가 내려도 늘 같은 거리를 걷는다. 어제도 걸었던 거리와, 내일도 걸어갈 거리를. 오늘도 같은 보폭과 같은 속도로 걷는다. 그런데 단지 비가 내린다는 이유만으로 평소에는 닿지 못했던 생각과 감정에 이르게 되는 것을 보면 어쩌면 나는 비가 내릴 때 유난히 내면으로 침잠하는 사람인 듯하다. 빗소리가 들리면 무작정 걷고 싶다는 충동이 들어 익숙한 거리를 발자국으로 문양을 새기듯 진득하게 걷는다. 빗속의 거리는 평소와는 다른 풍경으로 산책자들을 맞이한다. 사람들이 늘 같은 얼굴이지만 날씨와 기분에 따라 다른 인상을 풍기는 것처럼.

*

    빗물은 극단의 속성을 갖기도 한다. 빗속에서는 가난한 연인들의 만남도 근사한 낭만으로 포장되기 쉽지만, 폐지 줍는 노인들의 삶을 더욱 처절하게 비추는 슬픈 이중성을 목격하게 된다. 그렇지만 이건 개인의 시선과 감상일 뿐 비가 내린다는 이유로 현실 속 문제들이 달라지거나 사라지는 건 아무것도 없다. 다만 빗물이 익숙한 시선을 조금 뒤흔들어 평소에는 무관심했던 부분을 살펴보게 해준다면. 그것만으로도 자신의 역할을 묵묵히 해내고 사라진 빗물의 존재를 사랑할 수밖에 없다.

*

　빗속을 걸어서 집으로 돌아간다. 외투와 바지는 이미 축축하게 젖었고, 걸음마다 신발에서 빗물이 새어 나온다. 오늘은 아무 일도 없는 평범한 하루인데 단지 비를 핑계로 밀린 일을 또다시 미뤄둔 채 온종일 상념에 잠긴다. 생산보다는 소모에 가까운 하루일지도 모르지만, 산책을 나서던 때와 다시 집에 돌아온 지금의 마음은 어딘지 모르게 조금은 다르다. 어쩌면 우리의 지루한 일상이 실은 외발로 중심을 잃지 않으려는 발버둥이라면, 가끔은 일부러 빗물에 기대어 조금은 미끄러져 보는 것도 좋겠다. 결국 메마른 마음을 녹여주는 것은, 그리고 생각의 각도를 틀어주는 것은 미끄러짐처럼 우리가 흔히 실수라고 여기는 것들이 아닐까. 빗속의 산책은 순전한 낭만으로만 그치지 않고, 우리의 일상에 잔잔한 안정과 평온을 안겨준다.

맥가이버 아저씨

아빠는 팔십 년대에 유행했던 장발머리를 그대로 유지하고 있는데, 그 이유는 엄마가 아빠의 청년 시절의 모습을 간직하길 원한다는 것이었다. 엄마는 지금도 장발머리의 아빠와 나란히 길을 걸을 때면 오래전 청춘의 그날처럼 자신을 위해서라면 못하는 게 없었던 맥가이버 아저씨처럼 듬직하다고 했다. 아빠는 늘 엄마 앞에서는 멋쩍은지 괜히 툴툴거리지만 실제로는 동료 아저씨들의 이발을 좀 하라는 구박에도 절대로 아랑곳하지 않았다. 오히려 거울을 보며 그 멋들어진 장발머리를 이리저리 매만지며 마치 아빠도 엄마의 순수한 마음속에 영원한 청년으로 살아있는 듯 뿌듯해할 뿐이었다. 아직도 소녀 같은 엄마의 감성이나, 그런 감성을 투덜거리면서도 곁에서 지켜주는 아빠의 모습을 바라보며, 나는 어렴풋이 사랑의 정체와 미래에 내가 원하는 이상적인 부부의 모습을 그려보곤 했다.

그 영향 때문이었을까. 언젠가부터 나는 줄곧 엄마의 순수한 감성을 닮은 사람을 찾아 헤맸던 것 같다. 의

도하진 않았지만 돌아보면 결국은 그랬다. 이상형과는 별개로 그렇게 아리따운 마음을 가진 사람과 마주하게 되면 나는 그야말로 한순간에 그 사람에게 반하고 말았다. 미모에 반할 수도 있고, 성격에 반할 수도 있겠지만, 분명한 건 나의 마음은 그 사람의 정서와 감성에 가장 세심하고 절대적으로 반응한다는 것이었다. 그렇게 마음을 다할 준비가 되면 나는 자연스레 그 사람을 내 삶의 중심으로 데려왔다. 그리고는 우리에게 허락된 시간만큼 그 사람 곁에서 나의 아빠처럼 맥가이버 아저씨가 되려고 노력했다. 행여나 그 사람 앞에서 나의 부족함과 엉성함이 탄로 날까 잔뜩 긴장한 채 잘 보이고 싶은 마음에 온 신경을 집중했다. 물론 연애는 나의 정성과 노력과는 상관없이 의도치 않은 방향으로 흘러갈 때가 많았지만, 엄마의 감성과 닮은 사람을 찾는 여정은 그만둘 수 없었다.

언젠가 결혼할 인연을 만난다면 우리가 조금의 순수를 간직한 채 살아간다면 좋겠다. 그래서 이따금 그 순수한 마음이 우리를 청춘의 시절로 데려가 준다면 좋겠다. 서로가 가장 아름다웠던 그 순간이 서로의 마음속에서만큼은 늙지 않고 영원할 테니까. 내게도 엄마와 아빠처럼 소박하지만 때 묻지 않은 사람을 만나 평생을 함께 살아갈 인연과 만남이 행운처럼 찾아와줄까.

만약 먼 훗날의 내게 그러한 행운이 찾아와 준다면 부디 그 인연을 정확히 눈치채고 어리석게 놓치지 않기를 바라는 마음뿐이다.

우리들의 추억

사랑에 대해 감히 상상만 가능했던 그 시절. 내가 좋아하던 소녀는 1세대 아이돌 그룹인 HOT의 열성적인 팬이었다. 그 시절에는 전국의 모든 거리에 그들의 노래가 울려 퍼졌고, 그들의 의상과, 그들의 머리를 따라 한 십 대 아이들로 북적였다. 수학여행 날이면 남자아이들은 반드시 그들의 유명한 노래 중 하나를 선택해 밤낮없이 연습한 춤 실력을 뽐냈고, HOT를 좋아하던 여자아이들이라면 자연스레 그 무대에 올랐던 아이들에게 반하기 일쑤였다. 소위 잘나가는 아이들이라고 불렸던 그들이 지나갈 때면 웬만한 여자아이들은 얼굴을 붉히며 몰래 지켜보곤 했다.

바로 그중에 내가 좋아하던 소녀도 있었다. 감히 HOT를 질투할 수는 없었던 나는 대신에 소위 잘나가는 그 남자아이들을 질투했던 것이다. 이대로 그녀를 빼앗길 순 없다는 마음이 타올랐지만, 그렇다고 내가 그녀와 무엇을 할 수 있겠냐는 마음도 앞섰던 게 사실이다.

요즘은 초등학생들도 당당하게 연애를 한다지만, 아무래도 그 시절 초등학생의 연애란 밤하늘의 별 같은 것이었다. 너무도 아름답지만 직접 가닿을 수는 없는 선망의 대상이랄까. 게다가 누군가 서로 좋아한다는 사실이 밝혀지면 당사자들은 순식간에 놀림거리가 되었다. 물론 그 놀림을 대수롭지 않게 여기고 풋풋한 연애를 시작하는 아이들도 종종 있었지만, 나는 결코 그런 부류의 아이는 아니었다.

나의 짝사랑과는 물론 상관없이 그녀의 관심은 온통 HOT에게 쏠려있었다. 그녀는 카세트테이프가 늘어지도록 그들의 노래를 들었고, 불량식품을 사 먹을 돈을 차곡차곡 모아서 문구점에서 파는 그들의 브로마이드나 사진들을 수집했다. 그녀는 우리 오빠들과 함께 잠드는 기분이라며 그들의 사진을 침대맡에 붙여두기도 했고, 그들이 TV에 나오면 실신할 정도로 소리를 지르며 눈물을 흘리기도 했다. 짝사랑하는 소녀가 그렇게 누군가에게 열광하는 모습을 지켜보는 일이란 재밌지만은 않았다. 하지만 내가 HOT라는 거대한 산 앞에서 무엇을 할 수 있었을까. 단지 그녀에게 다가가서 불량 식품 몇 개를 건네주고는 멋쩍게 웃으며 돌아설 뿐이었다. 그 정도로도 만족했던 유년 시절의 짝사랑이었다.

그렇게 우리는 졸업을 했고, HOT는 인기의 절정에서 돌연 해체를 발표했다. 그 갑작스런 통보에 나라 전체에 그야말로 난리가 났었다. 소녀팬들은 오빠들의 떠나가는 뒷모습을 바라보며 세상을 전부 잃은 표정으로 소나기 같은 눈물을 흘렸다. 그녀들은 어떻게든 오빠들을 붙잡고 싶은 심정으로 그들의 소속사를 찾아가서 하소연을 하기도 했고, 건물 곳곳에 간절함을 담은 편지를 써놓기도 했다. 하지만 이미 해체를 결정한 오빠들은 다시는 그녀들 곁으로 돌아오지 않았다. 그들은 각자의 길을 걷는 것처럼 보였다. 솔로로 데뷔하기도 하고, 다른 그룹의 멤버들과 새로운 그룹을 만들어 데뷔를 하기도 했다. 그리고 가끔씩 토크쇼 같은 곳에 모습을 비추며 각자의 활동을 이어나갈 뿐 예전처럼 다섯 멤버가 한곳에 모이는 일은 없었다. 그야말로 HOT 출신으로 각자의 길만을 걷는 것처럼 보였다.

그로부터 세월이 많이 흘렀다. 꿈 많던 나는 삼십 대 초반의 평범한 직장인이 되어 일상을 건조하게 살아가고 있었다. 내가 짝사랑하던 그 소녀와는 초등학교를 졸업하던 그 순간부터 아무런 연결고리도 없었지만, 그녀도 물론 나처럼 평범한 직장인으로, 혹은 이미 한 아이의 엄마가 되었을 것이라 짐작했다. 이제는 우리가 어떤 삶을 살고 있을지라도 전혀 어색하지 않은 나이가 되었기 때문이다. 그리고 그 수많은 소녀 팬들 또한 각자의 자리에서 제 몫을 묵묵히 해내며 HOT라는 소중한 추억을 가슴 언저리에 담아두고 가끔씩 꺼내보며 삶을 살아냈을 것이다.

17년이라는 긴 세월이 지난 지금 MBC 무한도전 팀이 HOT의 재결성을 비로소 성사시켰다. 물론 다섯 멤버들의 마음이 일치했기에 가능했겠지만, 누군가 제안을 해줬다는 것이 가장 중요한 일이었을 것이다. 그들은 한자리에 모여 서로의 얼굴을 보는 것만으로도 감정이 북받치는지 눈시울을 붉혔고, 그들의 가장 찬란했던 한때로 돌아갈 수 있다는 사실에 가슴이 먹먹해졌을 것이다. 이제는 다들 마흔에 가까운 나이가 되어 예전만큼 체력과 관절이 잘 따라주진 않지만 열정과 마음만큼은 그때와 전혀 달라 보이지 않았다. 무엇보다 놀라웠던 건 내가 짝사랑하던 소녀의 전부였던, 그 모든 질투의 대상이었던 HOT의 재결성에 내 가슴이 뭉클했고, 온몸에 전율을 느꼈다는 것이었다.

짧은 시간 내에 전성기로 돌아가기 위해 밤낮없이 연습한 그들에게 팬들 또한 온 마음을 그러모아 완벽하게 응답했다. 올림픽 경기장은 그때처럼 다시 하얀 풍선들의 물결로 가득했고, 미처 티켓을 구하지 못한 팬들은 경기장 바깥에서 콘서트가 끝날 때까지 응원을 멈추지 않았다. 17년이라는 긴 세월을 기다리면서, 언젠가 우리 오빠들이 다시 돌아올 것이라는 굳건하고 따뜻한 믿음의 실체를 바라보니 나도 모르게 눈물이 흘렀다. 팬들의 마음은 이를테면 그 어떤 사랑보다 끈끈하고 완전한 감정의 결정체가 아니었을까. 다섯 멤버들은 혼신의 힘을 다해 준비한 모든 걸 보여줬고, 마지막 무대는 그들이 그 시절에 팬들을 위해 만들었던 '너와 나'라는 이름의 노래였다.

그들은 차마 노래를 이어갈 수 없었다. 아마도 목소리보다 눈물이 먼저 터져 나왔을 것이다. 두 시간의 공연이 끝나고 멤버들과 팬들은 다시 헤어졌지만, 그들은 이제 다시는 예전처럼 헤어지지 않을 것이다. 긴 세월 동안 변치 않는 믿음의 실체를 서로에게 보여준 그들에게는 이제 세월 같은 건 전혀 두렵지 않을 것이다. 의심으로 가득한 세상 속에서도 이렇게 믿음이 확고해지는 순간이 있다니. 세상에는 시간으로만 증명할 수 있는 것들이 생각보다 더 많은 것 같다.

그때는 유치한 질투심에 당당하게 말하지 못했던 사실이 있다. 내가 짝사랑하던 소녀가 그들에게 열광하던 그만큼, 실은 나도 그들을 무척이나 좋아했다는 걸.

몰랐던 당신과 몰랐던 나

 당신이라는 이미지는, 그러니까 내가 당신이라고 믿었던 당신의 모습은, 결국 저의 마음대로 내면에 만들어 놓은 상상력에 불과했습니다. 아마도 저라는 사람의 이미지도 당신의 내면에 똑같은 방식으로 존재하지 않았을까요. 하지만 이미지가 변화에 얼마나 취약한지 당신도 잘 알 것이라 믿습니다. 이미지는 작은 변수에도 쉽게 옷을 갈아입기 마련이니까요. 그렇게 우리의 내면에 서로가 멋대로 만들어놓은 이미지의 불균형이 시작되었을 겁니다. 제가 알던 당신의 모습은 이제 흔적도 없이 사라졌고, 당신이 알던 저의 모습도 이제 더는 남아있지 않습니다.

 우리가 도대체 서로의 어떤 모습에 이끌렸고, 동시에 서로의 어떤 모습에 싫증이 났는지. 저는 여전히 미궁 속에서 헤매고 있습니다. 그때 우리가 품었던 서로에 대한 상상력이 너무 지나쳤던 걸까요. 하지만 그렇다고 우리가 만약 서로에게 다른 모습을 상상했더라면. 그랬다면 그때의 새로운 이미지는 서로의 진짜 모습이라고 확신했을까요. 어쩌면 우리는 서로의 본모습에 대해서는 애초부터 관심이 없었는지도 모릅니다. 다만 상대방의 이미지가 자신이 원하던 모습과 일치하길 바라는 욕심에 모든 감정과 마음을 소모한 것 같습니다.

그렇다면 지금의 우리는 오래전 서로를 잠시나마 알았던 사이라고 말할 수 있을까요. 그때는 서로를 잘 안다고 믿었는데. 실은 우리가 서로에게 무엇을 원했는지를 이제야 알게 되었지요. 몰랐던 당신과, 몰랐던 나. 우리 이제는 각자의 자리에서 마음속에 새로운 사람의 이미지를 간직한 채 세상을 살아가고 있겠지요. 부디 우리 지금은 그때보다 자신과, 그리고 상대방에게 조금 더 솔직한 이미지로 남겨지길 바랍니다.

멀어지는 일

눈시울이 붉어지는 이 밤에. 우리는 이미 희미해진 약속을 더듬으며 서로에게서 멀어져갔다. 영원을 믿는다고 말할 수는 없었다. 그렇다고 순간을 믿는다고 말할 수도 없었다. 다만 확실한 건 아무것도 없다는 것만을. 우리는 간신히 말할 수 있었다. 밤은 여전히 깊어지고 있는데. 우리의 밤만이 서서히 흩어지고 있었다. 목소리보다는 소란한 침묵으로. 눈물보다는 건조한 표정으로. 그리고 작별 인사보다는 무뎌진 일상으로 묵묵히 되돌아간다. 우리의 짧았던 시간과 유순했던 성격만큼이나 잔잔하고 상냥하게. 그렇게 우리는 지금 이 순간부터 조금씩 멀어지기로 한다.

악필의 사연

고백하자면 나는 하늘이 내려준 악필이다. 그것도 엄청나게 심각한 수준으로. 글을 좋아하는 사람이 악필이라면 대부분 사람들은 장난으로 여기지만, 나는 만약 키보드가 없는 시대에 태어났다면 아마도 글쓰기를 취미로도 삼을 수 없었을 것이다. 그 심각성을 말하자면 나의 손 글씨는 못 생긴데다가 속도도 느리고, 게다가 펜을 잡는 악력조차 마음대로 조절할 수 없다. 심지어는 대학 시절 나의 시험 답안지를 검토하던 교수님이 직접 내게 전화를 해서는 잠깐 교수실에 들러서 이게 어떤 글자인지 해석해달라는 말을 했을 정도다.

손 글씨를 거의 쓰지 않는 요즘 시대에도 분명 손 글씨가 필요한 순간은 찾아온다. 이를테면 유명한 식당에서 대기자 명단에 이름을 적어야 한다거나, 필기시험을 치러야 한다거나, 인터넷 연결에 문제가 생겨서 재빨리 손으로 메모해야 할 때, 그리고 누군가에게 마음을 담은 편지를 쓸 때처럼. 반드시 손 글씨여야만 하거나, 최소한 손 편지가 예의인 상황은 생각보다 많다. 게다가 나는 누군가 내가 글씨 쓰는 모습을 곁에서 지켜보면 있으면 원래도 악필이던 글씨가 거의 상형문자처럼 변하는데, 이건 일종의 예정된 놀림에 대한 초조함과 민망함이 합쳐진 결과일 것이다.

그렇다고 글씨를 교정하기 위해 아무런 노력도 하지 않았던 건 아니다. 악필에 싫증을 느껴서 이십 대 중반에 충무로에 있던 글씨교정 학원에도 다녀봤고, 아이들이 한글을 처음 배울 때처럼 글씨 연습장에 새겨진 글자를 똑같이 따라 쓰며 혼신의 노력을 쏟기도 했다. 그럼에도 악필은 좀처럼 나아질 기미를 보이지 않았고, 결국 나는 모든 미련을 내려놓고야 말았다. 그 후로는 알아볼 수 있는 사람들은 어떻게든 알아볼 것이라는 대책 없는 마음으로 일관했다. 하지만 손 편지를 쓸 때의 정성만큼은 포기할 수 없어서 나는 여전히 한 글자씩 그림 그리듯 글씨를 쓰고 있는데 문제는 그 과정에 생각보다 많은 체력과 시간이 필요하다는 점이다. 손 편지는 내게 그만큼 각별한 마음이라는 걸 받는 사람은 알아줄까.

그런데 다른 이들의 말을 듣자하니 내가 애초부터 악필이었던 건 아니라고 한다. 나는 그래도 중학생 때까지는 글씨를 제법 잘 쓴다던 소년이었고, 덕분에 다른 사람들에게 글씨로는 아무런 불편함을 주진 않았다고 한다. 그럼에도 나의 글씨가 이렇게 악필이 된 건 아무래도 갑자기 생긴 못난 버릇 때문이었을 것이다. 말하자면 글씨에 곁멋이 들어서 이 친구 저 친구의 멋들어진 글씨를 따라 하려다가 급기야 나만의 글씨를 잃고 말았던 것이다. 나만의 글씨가 흔들리기 시작했을 때, 바로 그때 다시 바로 잡아줘야 했는데 얼떨결에 시기를 놓치고, 또 시기를 놓치다 보니 결국 이도 저도 아닌 악필이 되어 마침내 글씨 교정마저 포기했던 셈이다.

그렇게 영원한 악필이 되었지만 이것은 어린 시절의 값진 교훈이었다. 남들 따라가다 온전한 자신을 잃을 수도 있다는 것. 그리고 무언가 흔들리기 시작했을 때 바로잡아주지 않으면 서서히 소멸하기 시작한다는 것을 깨달은 후부터. 나는 영문도 없이 남들의 삶을 좇는 일에 일종의 알러지 반응을 일으켰다. 그 덕분에 남들 하는 건 좀처럼 따라 하지 않아서 여러모로 고생한 적도 많았지만, 또 그 덕분에 나는 어디서나 한결같은 모습으로 오직 나만의 삶을 꾸려가려 부단히 노력하는 사람이 됐다. 그때는 단지 나만의 글씨를 잃었다는 투정에 지나지 않았지만, 어른이 된 지금 돌이켜보면 그때의 일은 아마도 삶을 관통하는 이야기가 아니었을까.

자기만의 색깔을 찾는 것. 그리고 그것을 끈질기게 지켜나가는 것. 혹시나 이미 색깔을 잃었다면 그게 어떤 색이었는지 다시 한 번 떠올려 보는 것. 잃어버린 나 자신을 찾아가는 일에 결코 늦은 시기란 없다고 믿는다.

녹슬지라도 영원한

　돌이켜보면 지난 이십 대 때의 나를 이끌어준 원동력은 내면에 잠겨있던 에네지의 분출이었다. 오직 성실함만이 내가 가진 녹슬지 않는 무기였고, 그것만을 믿고 이십 대를 관통한 셈이었다. 지극히 정적이던 그 시절 나는 좀처럼 사람들에 휩쓸리지 않았다. 여행이나 레저스포츠 같은 이를테면 청춘의 상징이라 일컫는 것들에 아무런 흥미를 느낄 수 없었다. 다만 나는 책과 영화를 비롯한 수많은 창작물을 감상하며 내면 깊숙이 침잠하는 일에 전념했다. 몰입할 수 있는 취미와 일을 발견했다는 환희에 잠들어 있던 내면의 고삐가 풀리면서, 그렇게 점점 더 소모적인 모임에는 참석하지 않았고, 오로지 극소수의 오랜 친구들과만 인연을 이어갔다. 나의 작은 방에는 늘 정적이 흘렀지만 나는 그 시절을 요동치는 정적으로 간직하고 싶다.

　그런데 어느새 삼십 대 중반을 향해 달려가는 지금의 나를 이끌어가는 원동력은 이십 대 때와는 달리 내면에서 분출되려는 에너지를 애써 억누르는 힘이다. 그것은 아마도 밥벌이와 가장 큰 연관이 있다고 믿는다. 나는 좋아하는 것에만 지독하게 성실한 사람인데, 그 이외의 영역에서는 녹슬지 않으리라 믿었던 성실함도 서서히 나태함으로 저물어갈 뿐이다. 나는 여전히 창작물들에 흠뻑 취해있고, 취향도 점점 확고해지고 있지만, 어쩐지 너무 적당히만 사는 듯한 느낌을 받는다. 얼마든지 전속력으로 달릴 수 있는데 자꾸만 누군가 뒤에서 밧줄로 잡아끄는 기분이랄까. 소란스럽지 않고 정적인 건 이십 대 때와 크게 다르지 않지만, 지금은 단지 정적이기만 하다. 삶은 분명 안정적으로 흘러가고 있는데 아무런 생동감도 느껴지지 않는다.

끊임없이 변하는 지평 위에 나는 서 있다. 영원이라 믿었던 것들도 세월과 현실 앞에서는 어느새 모습을 바꾼다. 다만 변화와 타협에 맞서는 자신과의 소리 없는 싸움만이 지루하게 펼쳐진다. 뜨겁던 열망과 열정, 그리고 온전히 내 것이었던 정신과 인식조차 휩쓸리려 한다. 나는 아마도 시간이 흐를수록 더 빠르게 세월의 등을 타고 달려갈 것이다. 시력도 기억도 희미해지는 날이 생각보다 빠르게 찾아올 것이다. 그때의 나에게 바라는 게 있다면, 이미 녹슬었을지라도 부디 지금의 성실함을 간직해주기를. 혹여나 기억을 모두 잃게 될지라도 몸이 기억하는 성실함의 오랜 동력이 나의 여생을 묵묵히 이끌어주기를. 녹슬지라도 오래도록 남아있는 것. 그래서 결국 영원이 되는 것. 어쩌면 그건 일평생 간직해온 삶의 습관과 태도가 아닐까.

어디로부터 어딘가로

떠나고. 떠돌다가. 돌아온다. 그리고 이것을 반복한다. 어디로부터 떠나서 어디로 돌아오는지도 흐릿해질 무렵이 찾아오면. 문득 안식처라는 공간의 의미를 곱씹게 된다. 집이라는 장소에서 머무는 시간보다 떠나있는 날들이 많아질수록 오히려 떠남에 안정을 느끼고, 머무름에 불안을 느끼는 역설을 겪는다. 머물 곳이 있음에도 떠나야만 하는 사람들과, 떠날 곳이 있음에도 머물러야만 하는 사람의 삶이란 얼마나 다른 동시에 비슷할까. 알고 보면 모두의 피치 못할 입장과, 모두의 불가피한 공존으로 사회가 위태로운 균형을 이루는지도 모른다.

안개와 연인들

　안개가 자욱한 날이면 익숙한 길도 헤맨다. 섣부른 판단도 조급한 마음도 이미 깊숙하게 내려앉은 안개 앞에서는 속수무책이다. 분명 어제와 다르지 않은 길인데도 발을 헛디딘 채 방향을 잃는다. 막막한 안갯속에서 내가 할 수 있는 일은 단지 눈을 가늘게 뜨고 걸음의 속도를 줄이는 것. 눈이 시야를 확보할 수 있도록 안개를 가만히 응시하는 것. 그리고는 이 안개가 걷힐 때까지 잠자코 기다려보는 것이다. 머지않아 안개가 걷히고 저만큼 먼 곳에서 길의 윤곽이 어렴풋이 드러날 때. 그때 다시 익숙하게 방향을 잡고 걸음의 속도를 높일 수 있다.

　사랑에도 안개가 내려앉는 날들이 존재한다. 우리가 서로에게 한없이 익숙해질 때쯤 갑자기 자욱한 안개가 우리의 시야를 가로막는다. 그 안에서 우리는 서로를 평소처럼 바라볼 수 없고, 손을 내밀어도 익숙하게 서로를 만질 수 없다. 서로의 모든 익숙함이 낯설게 느껴지는 동안 우리는 도무지 앞이 보이지 않는다며, 결코 해결할 수 없는 커다란 문제가 찾아왔다고, 어떻게든 서둘러 우리 앞에 내려앉은 안개를 걷어내려 발버둥친다. 하지만 우리의 조급함과 답답함은 안개의 소멸에 전혀 관여하지 못한다. 재촉할수록 시야가 더 뿌예지는 듯한 느낌만 받을 뿐 우리는 여전히 서로를 볼 수 없다.

그런데 우리는 애초부터 서로에게 익숙하지도 낯설지도 않은 사람들이 아니었던가. 다만 오랜 시간을 공유한 우리에게, 이제 서로를 다 안다거나 모른다고 생각한 부분들은 늘 존재했지만, 언제부턴가 더는 서로를 궁금해하지 않았던 건 아닐까. 우리는 이제 고작 서로가 가진 수많은 방들 중 하나의 문을 열고 간신히 서로의 마음속에 들어온 것뿐인데 더는 다른 문들을 들여다보려 하지 않는다. 우리는 이미 알면서도 모르는 척하고, 모르면서도 아는 척한다. 그렇다면 결국 이 안개의 불안 앞에서 우리가 할 수 있는 건 아무것도 없는 걸까.

아마도 그럴지도 모른다. 관계의 소멸 앞에서 아무것도 할 수 없었던 기억들이 망령처럼 우리를 따라다닌다. 그때는 몰랐지만 지금은 알게 된 점이 있을까. 안개는 늘 그 자리에 있었지만 그 농도와 두께는 그것의 습도, 온도, 바람 등에 따라 선명해지거나 희미해지는 것처럼. 우리의 관계도 어쩌면 애초부터 안개를 떠안고 가는 운명인지도 모른다. 그래서 우리 둘 사이의 습도, 온도, 바람에 따라 하루는 서로를 볼 수 없는 희뿌연 날이 찾아오기도 하고, 또 하루는 서로를 볼 수 있는 청명한 날이 찾아오는 것처럼. 결국은 관계도 주기를 반복하는 순환이라 믿는다. 사랑이라는 이유로 늘 맑고 푸르기만 바란다면 이것은 너무 동화 속의 마음이 아닐까.

안갯속의 우리가 할 수 있는 일이란 다만 안개가 걷히길 기다려보는 것뿐이다. 머지않아 이 안갯속을 벗어나면 우리 관계의 진실된 모습을 바라볼 수 있다는 믿음으로. 언제가 그날이 찾아오면 우리는 그제야 서로를 제대로 바라볼 수 있다. 다시 익숙하게 평소처럼 서로를 만질 수 있고, 눈을 감고도 나란히 걸을 수 있다. 혹은 이제야 우리 사이의 안개가 잠시 스쳐 가는 위기가 아닌 견고한 장막이었다는 사실을 알게 된다. 안개는 예고 없이 주기적으로 찾아오고, 그때마다 우리는 익숙했던 서로를 낯설게 대한다. 익숙함이 문제였던 우리에게 낯섦이 문제가 될 줄은 몰랐는데.

그럼에도 언제까지나 기다린다. 우리는 맑은 날에 서로를 더 제대로 들여다볼 수 있는 사람들이니까. 슬프지만 안갯속에는 비상구가 없다.

고전을 읽는 밤

고전문학이 일깨워준 삶의 찬미를 기억한다. 그 두껍고 딱딱한 내용을 간신히 읽어 내려가던 좁은 방안의 수많은 밤을 기억한다. 어리석고 오만했던 나의 마음에 억지로 욱여넣던 빛나는 문장들의 촉감을 기억한다. 고전을 읽는다는 건 한마디로 고통이었다. 생소한 단어들과, 끊길 줄 모르는 딱딱한 문장들의 길이와, 그리고 이 모든 걸 담아내는 육중한 무게의 주제는 삶을 파먹는 고통으로 작품을 써 내려간 작가들의 생애를 고스란히 담고 있었다. 나는 무슨 이유로 그토록 먼지 쌓인 두꺼운 책들 속에서 헤맸던 걸까. 문장 하나조차 온전히 소화해내지 못할 만큼 나는 작고 유약했다. 하지만 인고의 시간을 거쳐 마지막 장을 넘겼을 때의 희열이란, 비디오게임이나 이성 친구에게서 느낄 수 있던 매력과는 전혀 다른 종류의 자극과 파문이었다.

이 사람들이 바로 작가구나. 이런 글들이 바로 문학이구나. 고전을 읽는 동안 나는 자주 부끄러웠다. 작품

속 위대한 주인공들에게 비하면 나라는 인간이 얼마나 작고 초라한 존재인지 깨달을 수밖에 없었기 때문이다. 평범한 사람이 겪을 수 없는 수많은 사건과 감정의 변화 속에서 나는 자주 어지러웠고, 이따금 넘어졌으며, 가끔은 나의 지난 시간들이 떠올라 때늦은 죄책감에 시달리기도 했다. 하지만 때로는 스스로 뜨거운 고양감에 젖을 때도 있었다. 최소한 작품에 등장하는 파렴치한들보다는 훨씬 더 온당하고 바람직한 삶을 산다는 일종의 안도감과 자부심이었다. 앞으로도 나만의 중심을 유지한 채 바르고 건강한 삶의 태도를 배운다면 그들처럼 어긋난 삶을 살진 않을 거라는 결연한 다짐이기도 했다.

하지만 지금의 나는 작품 속에 끊임없이 잠겼던 그 수많은 밤들의 행방을 모른다. 나의 위대한 작가들과, 그들의 삶과 시대를 온전히 바친 작품들과, 문장을 대하는 그들의 시퍼렇게 날 선 정신의 행방을 모른다. 사람들은 자기만의 목소리 같은 건 더는 존재할 수 없다고 단정 지은 채 애초부터 앞서 가는 남들의 목소리를 흉내 내며 스치는 유행에 편승한다.

어른이 된 나는 이제 고전을 읽지 못하는 사람이 되었다. 그만큼 두껍고 딱딱한 책을 끝까지 읽어낼 엄두가 나질 않고, 무엇보다 긴 시간 동안 작품에 몰입할 수 있는 집중력을 잃었다. 예전보다 방해요소가 지나치게 많아졌다는 핑계로 일관하며 나를 합리화하는 건 자신의 밑천을 모두 드러내는 일과 다름없을 텐데, 나는 늘 같은 핑계를 반복한다. 언제부턴가 책은 나의 예쁜 장신구가 되었고, 독서는 나를 꾸며주는 일종의 치장이 되었다.

유년시절을 지켜주던 그 위대한 작품들이 유난히도 그리운 밤이다. 아니. 어쩌면 두꺼운 책 한 권만 손에 쥐면 날이 새는 줄도 모른 채 작품 속 세상에 완전히 몰입하던 그 시절의 내가 그리운 건지도 모르겠다. 이제는 그때 읽었던 작품들의 내용을 대부분 기억하지 못하지만, 다만 분명한 건 그 시절의 독서가 시간이 흘러 신기루처럼 사라진 게 아닌, 좀처럼 흔들리지 않는 나의 기반과 정서가 되었다는 점이다. 탁월한 작품들 앞에서 한없이 부끄럽고 초라해져도 상관없으니, 부디 그때처럼 책 속에 깊숙이 빠져들던 찬란한 몰입감을 되찾을 수 있기를 바랄 뿐이다.

진심이라는 말

 행동없이 진심만 앞세우는 사람들은 현실을 등진 채 살아가는 셈이다. 진심이면 충분하다는 말은 상대방으로부터 먼저 말해질 때 의미가 부여되는 것인데, 그 말을 자신이 가진 무기로 착각한 채 산다면 머지않아 사람들이 하나둘 멀어지는 광경을 목격할지도 모른다. 사랑이나 일에 관해서도 별반 다르지 않다. 관계가 돌이킬 수 없을 만큼 망가진 후에 그건 나의 진심이 아니었다는 말은 한없이 무력할 뿐이고, 고객들은 이미 돌아섰는데 우리는 진심만으로 사업체를 운영했다는 말은 변명이 될 따름이다. 실제로 사람들이 변명할 때마다 가장 많이 일삼는 말이 바로 진심이라는 단어인 점은 참 아이러니하다.

 어쩌면 그건 사람들이 진심에 생각보다 더 많은 기대를 품는다는 의미가 아닐까. 하지만 행동이 동반되지 않는 진심은 단지 나를 알아달라고 억지를 부리는 어린아이와 다름없다. 돌이켜보면 행동하지 못했던 순간보다 행동하지 않았던 순간이 많았고, 언젠가 다시 기회가 찾아올 것이라는 맹목적인 믿음으로 행동을 미뤘다. 세월이 흐를수록 사람과 마음에 대한 확신을 잃는다. 그렇다면 나는 이제 무엇에 기대어 또다시 발을 내디딜 수 있을까. 진심이라는 말을 환멸하지 않기 위해서는 단 하나의 방법만이 존재한다고 믿는다.

그럼에도 불구하고 일단 행동하는 것. 마음과 행동을 따라서, 그리고 자신이 했던 말들을 따라서 끝내 책임지는 것. 그것만이 진심이라는 말의 의미를 단단히 확장시키는 방법이 아닐까.

오래된 서적

엄마의 서재에 샐린저의 『호밀밭의 파수꾼』 1952년 판이 꽂혀 있었다는 걸 이제야 알게 됐다. 늘 친구들에게 선물해줄 정도로 좋아하는 책 중의 하나인데, 이렇게 우연히, 게다가 가장 가까운 사람의 서재에서, 내가 태어나기 훨씬 이전의 판을 발견하게 되다니 신기할 따름이었다.

오래전부터 이 작품을 좋아한 까닭은 주인공 '홀든'이 방황하는 사춘기 소년들의 정서를 관통하고 있고, 반복되는 일상을 쉽게 이탈하지 못하는 우리들에게 대리만족을 안겨줬기 때문이다. 홀든은 내가 어른이 됐다고 믿었던 시절에도 내게 무수한 질문들을 던졌다. 나는 과연 삶을 주체적으로 살아가고 있는지, 혹은 그저 다른 사람들처럼 주류에 편승하기 위해 가까스로 꽁무니를 쫓아가고 있는지에 대해서.

엄마도 나처럼 이 책을 품에 안은 채 무수한 밤들을 지새웠을까. 그러다 마음을 움직이는 문장을 발견하면 연필로 밑줄을 긋고, 그 문장을 언제든 다시 읽어보며 영원히 기억하려 했을까. 물론 시간이 흐르면서 밑줄의 기억은 희미해졌겠지만, 언젠가 한번 읽었던 문장을 다시 마주하는 날에는 지난 독서의 순간과 장면이 고스란히 현재로 소환됐을 것이다. 그렇게 그날의 장소와 생각, 그리고 그 시절 청춘의 방황과 고뇌의 시간이 선명하게 되살아났을 것이다.

오래된 서적 속 젊은 시절의 엄마가 남겨둔 흔적들을 따라간다. 내가 밑줄을 긋고 싶은 곳마다 이미 밑줄이 그어져 있고, 인상 깊은 페이지마다 종이는 색이 바래져 있다. 엄마는 이 책을 읽으며 무슨 생각을 했을까. 얼마나 많이 이 책을 펼쳐봤을까. 엄마도 나와 같았을까. 샐린저의 책 속에 숨어들어 엄마의 흔적을 따라가는 일이란, 낯설지만 나를 닮은 누군가를 처음부터 다시 알아가는 느낌이다.

그렇게 책의 마지막 장에 닿을 무렵의 나는 지금보다 엄마를 더 많이 사랑하게 될 것 같다.

짧은 연애 소설

카페에서 커피를 마시고 있었다. 그러다 주문한 음료를 기다리고 있는 한 남학생이 눈에 들어왔다. 수수한 옷차림에 커다란 가방을 메고 있는 걸 보면 아마도 카페에서 공부를 하려는 듯했다. 다른 사람들은 모두 휴대전화를 만지작거리며 자신의 음료를 기다리고 있는데, 그 학생은 오직 카운터 너머에서 음료를 만들고 있는 또래 여학생의 뒷모습만을 바라보고 있었다.

물론 단순히 자신의 음료가 만들어지는 과정을 무료하게 지켜보던 것일 수도 있겠지만, 어쩐지 그 남학생의 눈빛은 그런 평범함과는 거리가 멀었다. 표정은 약간 멍하고, 입은 살짝 벌어져서 엷은 미소를 띤 모습이 조금 어리숙해 보였지만, 눈빛만은 카페의 어떤 사람보다 반짝이는 생기로 가득 차 있었다.

어느새 여학생이 커피를 손에 들고 카운터로 걸어왔다. 카페를 둘러보며 주문번호를 부르는 그녀의 목소리에 남학생은 그제야 당황한 표정으로 음료를 받으러 갔다. 커피를 건네받고도 가만히 서 있는 그가 의아했는지 그녀가 조심스레 물었다.

"저기 혹시 더 필요하신 게 있나요?"
"아, 아니에요. 그냥, 감사합니다."

그는 테이블로 걸어가면서도 자꾸만 혼자 얼굴을 붉히며 수줍게 웃었다. 왠지 짧은 대화를 특별한 선물로 여기는 듯했다. 누군가에게 첫눈에 반하는 순간은 그것을 지켜보는 사람의 마음마저도 녹아내리게 한다. 나는 속으로 괜한 참견을 하고 싶어졌다. 조금만 용기를 내서 그녀에게 무슨 말이라도 건네면 좋을 텐데. 첫눈에 반한 사람을 앞에 두고 뭘 그렇게 망설이는 걸까.

그런데 나 또한 당신을 처음 만났던 순간이 떠올라 갑자기 부끄러워졌다. 저 남학생보다 어리숙하면 어리숙했지 별반 다를 게 없었기 때문이다. 처음 도서관에서 당신을 보았을 때 당신은 다른 사람과 대화를 나누고 있었다. 나는 당신의 옆모습만을 간신히 바라보며 강의 시간도 잊은 채 한참 동안 그 주변을 서성였다. 우연히 당신이 낯선 시선을 의식하고 나를 바라볼 때면 나는 바보처럼 고개를 돌린 채 딴청을 피웠다. 언젠가는 꼭 말을 걸어봐야지. 그렇게 한 달이 지나고, 계절도 바뀌었다.

다행히 당신은 독서에 열성적인 학생이었기 때문에 도서관을 꾸준히 다니면 가끔씩 멀리서나마 당신을 바라볼 수 있었다.

그렇다고 그동안 아무런 시도조차 하지 않았던 건 아니었다. 간신히 인사를 건네는 것을 시작으로 날씨와 안부를 물을 수 있을 때까지. 그리고 당신과 처음으로 약속을 잡게 될 때까지 얼마나 오랜 시간이 걸렸는지 모른다. 지금의 당신은 그때의 용기 없던 나를 떠올리며 말 한번 건네는 게 그렇게 어려웠냐며 끈질기게 놀려 대곤 한다.

당신은 내가 단 한 번의 용기를 내기 위해 얼마나 많은 망설임과 떨림의 시간을 보냈는지 몰랐을 것이다. 얼마나 많이 당신의 주변을 서성였는지, 당신의 눈을 제대로 바라보는 것조차 내게는 얼마나 커다란 용기가 필요했는지. 당신은 아마도 몰랐을 것이다.

처음 만난 그 순간을 우리의 눈과 마음에 영영 담아둘 수 있다면 얼마나 좋을까. 그래서 언젠가 우리가 세월 앞에 지치거나 일상에 권태로워질 때면, 그때마다 그 순간을 조용히 떠올리며 다시 한 번 서로의 소중함에 대해 생각해볼 수 있다면 얼마나 좋을까. 나는 처음에 내지 못했던 나의 용기를, 지금과 미래의 순간들을 위해 날마다 조금씩 꺼내 쓰고 싶다.

테이블에 앉아있는 저 남학생은 지금 바리스타 그녀가 커피를 만들며 남몰래 미소 짓고 있다는 걸 알까. 그는 여전히 그녀의 뒷모습만을 힐끔거린다. 그녀가 이미 눈치챈 줄도 모르고. 커피가 식어가는 줄도 모르고.

영원에 관여하는

    정서적으로 교감이 가능한 사람들을 만나면 무엇보다 마음이 먼저 따뜻하게 데워진다. 내가 느끼는 감정과 감성을 당신도 똑같이 느끼고 있다는 사실이 우리의 인연을 더할 나위 없이 값진 축복으로 만들어준다.

    게다가 그 온기의 기억은 마음에 고스란히 남아 다가올 인연들을 만나는 일에 많은 영향을 끼치는데, 이를테면 마음의 끓는 점이 생기는 것과도 같다. 새로운 인연과의 만남이 지나간 인연과 나눴던 온기보다 따뜻하지 못하다면 마음은 좀처럼 끓지 않는다. 그래서 마음이 따뜻한 사람과 인연을 맺었던 사람들이 유난히 이별에 가슴 아파하고, 그리움에 무력하게 이끌리는 것인지도.

    외모나 재력 앞에서 사람이 얼마나 쉽게 매료되는지 우리는 너무도 잘 알고 있지만, 따뜻하고 정서적인 교감이 가능한 사람은 우리의 마음을 먼저 녹인다는 건 잘 알지 못한다. 마음은 눈에 보이지 않을뿐더러 그러한 사람을 알아볼 수 있는 확률 또한 너무도 적기 때문이다. 온기의 기억은 잔영으로도 남아 오래도록 우리 곁을 맴돌며, 무엇이 진실된 마음인지 가려내도록 돕는다.

사람들은 사랑하다 이별하면 그것으로 인연의 끈이 완전히 끊어져 과거와 상관없는 새로운 삶을 살게 될 줄 알지만, 실은 인연은 순간뿐이라는 착각과는 달리 비로소 영원이라고 말할 수 있는 것들에 관여한다. 그러한 것들은 우리의 여생을 끈질기게 따라다니며 삶을 끌어안는다. 그런데 우리는 그걸 무엇이라고 불렀던가.

오늘의 선곡

몸이 약해진 엄마를 위해 음악을 고른다. 멀리 떨어져 산 이후로는 실제의 만남보다는 지난 만남의 여운을 연료로 삼아 온기가 떨어진 삶을 데우며 살아간다. 심란하고 연약한 엄마의 마음이 안정을 찾을 수 있도록. 그리고 이 음악들을 골라준 아들의 정성을 떠올리며 자신이 무너지는 순간에도 삶의 버팀목으로 삼아주길 바라면서.

엄마와 나는 혼자만의 시간이 다른 사람들에 비해 유독 절실한 사람들이다. 홀로된 고독에서 벗어나고 싶을 때조차 우리는 사람에게 선뜻 손을 뻗지 못하는 고독을 애증 하는 존재들이다. 그만큼 우리는 서로 비슷하지만 또 그만큼 서로 달라서 둘 사이에 높은 벽을 쌓아둔 채 오랜 세월을 보냈다. 그럼에도 여전히 벽을 더듬으며 건너편을 그리워한다.

어느 때보다 신중하게 음악을 고른다. 하지만 결국은 흘러간 노래와 잔잔한 멜로디. 이럴 때는 내가 엄마의 아들이라서. 음악적 취향마저도 비슷한 사람이라서 참 다행이다. 나는 부디 늦지 않으려 한다. 무엇보다 우리에게 늦는 상황이 찾아오지 않기를 바란다. 언제나 그랬든 우리는 또다시 잘 버텨낼 것이다.

2부

생각으로부터

식물과의 대화

친구에게 대화법을 배운다. 사람과의 대화가 아닌 식물과 대화하는 방법을. 하루는 친구가 몬스테라 두 잎을 선물해줬다. 물을 줄 때는 화분의 겉흙이 마를 때마다 충분히 흡수할 수 있도록 스며들 듯 천천히. 건강한 호흡과 위생을 위해 바람이 잘 드는 곳에. 그리고 가끔은 말을 건네주라는 당부를 남겼다. 식물에게 말을 건네라니. 당연히 가벼운 농담이라고 믿었다. 게다가 비행 근무로 집을 자주 비우는 나로서는 무엇보다 내 보살핌이 반드시 필요한 존재가 생겼다는 부담이 앞섰지만, 일단 내 곁으로 온 이 식물을 어떻게든 잘 보살피고 싶은 마음도 컸다.

그 후로 나는 늘 집을 비우기 전 화분의 흙 상태를 점검하고, 마지막으로 물을 준 날짜를 적어두고, 혹시라도 메마른 곳이 있을까 화분을 이리저리 돌리며 분무기로 촉촉하게 적셔줬다. 그리고 친구의 당부대로 살면서 처음으로 식물에게 안부의 인사를 건넸다. 그렇다고 식물과 특정한 주제로 열띤 토론을 했다는 건 아니고, 집을 비운 사이의 안부를 묻는 정도였다. 물론 이상한 소리처럼 들리겠지만 나 또한 식물에게 말을 건네보니 신기할 정도로 마음이 안정되는 걸 느꼈다. 비록 일방적인 소통일지라도 마음을 담아 보살필 존재가 생겼다는 건 강한 책임감을 필요로 했다.

식물의 언어는 사람의 언어와는 달리 목소리나 행동으로 이뤄진 것은 아니지만 보살핌에 따라 천천히, 하지만 분명하게 자신의 모습을 변화한다. 어쩌면 식물과 사람은 애초부터 대화가 통하지 않는다는 걸 알았기 때문에 더욱 세심하게 관심을 주고, 오랫동안 차분하게 변화와 성장을 기다릴 수 있었던 게 아닐까. 그런데 어째서 애초부터 당연히 대화가 통할 것이라고 생각하는 사람과의 대화는 자꾸만 벽에 부딪히는 걸까. 무슨 일이 발생하지 않는 이상 좀처럼 상대에게 세심한 관심을 주지도 않고, 상대의 변화와 성장을 기다림보다는 조급함으로 대하는 모습을 바라보면 자연스레 식물과의 관계와 비교가 된다.

단지 식물은 자신의 입장을 인간의 언어로 표현하지 못하기 때문에 사람들이 식물의 입장을 섣불리 넘겨짚는 것에 불과할까. 애초부터 우리는 식물은 끝내 알 수 없는 존재라고 믿지만, 사람에 대해서는 대화 몇 번이면 곧 전부를 알게 된다는 오만으로 시작한다. 그리고는 단지 같은 언어로 대화를 한다는 이유만으로 너무도 쉽게 서로를 판단한다. 쉽게 벽을 세우고 선을 그으며 결국은 자신의 입장에서만 상대방을 간단히 요약하고 분류한다. 식물을 대할 때는 그렇게 신중했던 마음이 사람을 대할 때는 이렇게 간편하다니. 친구에게 선물 받은 식물을 보살피면서 오히려 사람과의 대화와 관계에 대해 돌이켜보는 요즘이다.

대화란 결국 마음의 문제였던 걸까. 단순히 언어를 교환하는 행위가 아닌 사려 깊은 마음을 나누는 일. 어쩌면 우리가 대화라고 믿었던 말들은 진정한 대화가 아니었을지도 모른다. 이제부터라도 사람과의 대화법을 새롭게 배워야 할 시간이다. 언어가 아닌 마음을 나누는 대화법을.

마음의 생김새

세월이 흐를수록 사람들 마음의 생김새가 궁금하다. 외모를 앞세워 마음을 숨기는 사람들은 점점 더 많아지는 듯한데 나는 온통 화려하고 소란한 삶 속에서 현기증을 느낀다.

물론 외모는 시대를 불문하고 절대적인 권력 중 하나임은 틀림없다. 탁월한 외모는 이성적 판단의 속도를 초월해 시각과 정신까지 매료시키는 강력하고 날카로운 섬광과도 같다. 그때의 우리는 가까스로 정신을 부여잡고 외모가 아닌 마음을 들여다보려 하지만, 매혹 당한 마음은 좀처럼 돌이킬 수 없다. 사람을 알아갈 때 외모만큼 가장 확실한 장해물이 있을까.

그럼에도 마음이라는 건 각자의 꽃과 같아서 어떻게든 향기가 번져온다. 만남을 이어갈수록 수려한 외모와는 달리 악취가 나는 꽃이 있고, 평범한 외모지만 상냥하고 따뜻한 향기로 마음부터 녹이는 꽃도 있다. 마음이 녹기 시작하면 걷잡을 수 없다. 누구도 바라보지 않는 꽃이라도 내게는 세상에서 가장 아름답게 느껴진다.

첫 만남에서 외모를 가장 먼저 눈에 담을 수밖에 없는 것처럼, 마음에도 고유한 생김새가 있어서 그것을 얼굴의 형태처럼 처음부터 알아볼 수 있다면 얼마나 좋을까. 그럴 수 있다면 우리는 애초부터 외모를 비롯해 서로의 마음도 먼저 살펴보고 다가갈 수 있을 텐데. 마음을 투명하게 바라보며 막연한 불안과 경솔한 의심으로 감정을 소모하지 않아도 될 텐데.

외모와 마음을 분리해서 바라봐야 하는데. 어느새 중심을 잃은 나 자신을 바라보며 잠시나마 몽상에 잠긴다.

떠나보내며

　이제 곧 긴 여행을 떠나는 친구와 함께 파주출판도시에 다녀왔다. 유난히 마음이 지칠 때마다 혼자 찾아와 조용히 책을 읽거나 목적지 없는 산책을 하던 곳. 때로는 떠나기가 아쉬워 근처의 게스트 하우스에서 머물기도 하던 곳. 내가 파주를 이렇게나 사랑하는 이유는 무엇보다 이곳은 번잡한 서울과는 달리 온전히 나만의 고독에 잠길 수 있는 환경이 갖춰져 있기 때문이다. 책을 만드는 사람들이 모여서 함께 만든 책을 위한 도시이기 때문에 자연스레 책을 좋아하는 사람들만이 모여든다. 그들은 이곳에서 군중을 이뤄도 타인의 독서를 본능적으로 배려할 줄 안다. 대화는 속삭임을 통해 전달되고, 발걸음 소리는 책장을 넘기는 소리에 묻힐 만큼 사뿐거린다. 카페의 음악도 사람들이 독서에 몰입할 수 있도록 잔잔함을 유지한 채 흐른다. 한마디로 출판도시는 내게는 최적의 아지트 같은 곳이다.

　그리하여 내가 만약 누군가에게 파주에 같이 가자고

한다면, 나는 상대방을 절대적으로 신뢰한다는 의미이고, 가장 소중한 부분마저 공유하고 싶다는 쑥스러운 표현일 것이다. 어쩐지 이 친구와는 충분히 그런 마음들을 나눌 수 있을 듯한 생각으로 함께 파주에 다녀왔다. 내가 잃어버린 열망과 용기를 가진, 그리고 나와 마음 한 구석이 유난히 닮은 이 친구가 긴 여행을 떠나기 전에 우리 둘만의 조용한 추억을 만들어 주고 싶었다. 심혈을 기울여 가장 아끼는 책 중의 하나를 골랐고, 또 가장 아끼는 그림이 그려진 엽서를 골라 마음을 담은 메시지를 적었다. 내가 친구에게 손 편지와 함께 선물을 했던 게 언제가 마지막이었더라. 아마도 너무 오래된 탓에 기억조차 나지 않는 걸 보면, 그만큼 이 친구가 내게는 각별한 존재라는 의미가 아닐까.

　가까운 누군가를 오랫동안 타지로 떠나보내는 일은 좀처럼 익숙해지지 않는다. 나는 걱정이 지나치게 많은 편이라 타지에서 일어날 수 있는 모든 위험한 일들에 대해 걱정하고, 왠지 이번의 만남이 마지막일지도 모른다는 쓸데없는 생각을 한다. 그만큼 아쉽기 때문이고, 또 그만큼 염려스럽기 때문이다. 게다가 이 친구가 여행을 떠나는 곳은 대부분 치안이 좋지 않은 곳이기 때문에 걱정의 깊이가 유난히 남다르다. 물론 아무 일도 발생하지 않겠지만 그래도 노파심을 숨긴다는 건 이렇게나 힘든 일인가 보다. 선물을 받고 진심으로 기뻐하는 친구를 보면서 다시 한 번 책과 글만이 전달할 수 있는 고유한 힘에 대해 생각해본다. 파주에 머물다 보면 어쩐지 이곳의 시간은 미래가 아닌 과거를 향해 있는 것 같기도 한데. 그만큼 비현실적으로 정적인 공간이고, 심지어는 문명이 조금 비켜간 듯한 느낌마저 든다.

나는 이 친구가 마치 내일 만날 것처럼 홀연히 떠났다가, 어제 만났던 것처럼 무덤덤하게 돌아와 주기를 바란다. 그리고 우리는 짤막한 메시지로 안부를 묻기보다는 적지 않은 시간의 여백을 두고 긴 편지를 통해 일상과 마음을 주고받는 사이가 된다면 좋겠다. 어느덧 계절은 가을을 지나 겨울의 길목에서 서성이고 있다. 일상에 파묻히면 계절의 변화를 잊기도 한다던데 추워진 날씨는 잠든 감각마저도 깨우는 듯하다. 작별이라면 작별일 수도 있겠지만 살다 보면 이 정도쯤은 작별 축에도 끼지 못할 것이라고 애써 마음을 다잡는다. 오늘의 파주를 오래도록 기억하고 싶다. 결국 오늘의 모든 일은 이곳이 파주라는 장소였기 때문에 가능한 일들이었다.

편지의 무게

　서랍 속 먼지 쌓인 편지들은 더는 발신자를 기억하지 못한다. 발신자의 열렬한 마음과, 고유한 체취와, 정성껏 글씨를 눌러 쓴 손의 무게는 종이 위에 고스란히 남아있지만, 편지가 발신자를 떠나 우리에게 전해지던 그 순간, 발신자는 자신이 쓴 편지와 영원히 작별한다. 이제 모든 건 수신자의 몫. 되돌려주고 싶은 부담과 오래도록 간직하고 싶은 감동. 편지의 무게를 소화하고 감당하는 건 결국 수신자다. 편지를 떠올리면 주로 받은 편지만 생각나는 까닭이다. 문득 궁금할 때가 있다. 우리가 보낸 편지들의 행방은 과연 어떠할지. 많은 시간이 흐르고 사람은 변해도, 오래된 작은 상자 속에서 누렇게 색이 바래고, 퀴퀴한 냄새를 풍길지라도, 편지를 쓰던 마음은 끝내 우리 가슴속에 남아있기를.

　그 시절 우리는 모두 누군가의
　절실했던 수신자, 그리고 발신자였다.

사랑과 이별의 말들

 말문이 터지다가도 멈칫한다. 입안에서 망설이는 사랑과 이별의 말들을 생각한다. 결국 지난 사랑의 기억과 학습에서 태어난 그 말들을 어떻게 책임질 수 있을까. 우리가 뱉어낸 수많은 사랑의 언어들은 여전히 공중을 부유하며 살아간다. 그렇게 우리를 둘러싼 채 일종의 보호막을 만든다. 사랑의 말들로 만들어진 보호막. 그 안에서 우리는 안전하고도 위험하다. 시야가 가려진 그 비좁은 곳에서 우리는 서로만을 의지한 채 앞으로 걸어간다. 저만큼 멀리서 커다란 트럭이 우리를 향해 달려오고 있을지라도 우리는 이 보호막 너머를 바라볼 수 없다.

 세상에서 가장 견고했던 공간이 우리가 뱉어낸 이별의 말 한마디에 속절없이 무너져 내린다. 사랑이 탄생한 곳을 비집고 탄생하는 이별이라니. 주인 잃은 잿빛의 말들이 정처 없이 우리 곁을 배회하기 시작한다. 그때의 우리는 얼마나 많은 사랑의 말들을 무작정 꺼내놓기만 했었는지. 만약 그때 우리가 아무런 말도 하지 않았더라면. 그랬더라면 지금처럼 이별에 가슴 아파하지 않았을 텐데. 아무리 주워담으려 애써봐도 손가락 사이로 새어 나가는 사랑의 말들을 지켜보고 있으면, 아무것도 남지 않은 우리의 만남이 간밤의 꿈처럼 아득하게 느껴진다.

어쩌면 사랑과 이별의 말들이란 애초부터 상대방이 아닌 허공에 뿜어놓은 예쁜 비눗방울 같은 것인지도 모른다.

밥벌이의 고단함

항공기에서 일하며 날마다 세상을 떠돌기 시작한 지 삼 년이 지났다. 여행에는 별다른 흥미가 없었던 나는 업무 외적인 측면에서는 과분한 행운을 누리게 된 셈인데, 돌이켜봐도 정말 많은 이국의 도시와 명소를 방문하며 색다른 체험을 만끽했다. 비록 항공기에서는 시차와 업무에 시달리며 녹초가 됐을지라도, 해외에 잠시나마 머무르며 이국의 삶을 접할 기회를 무한히 얻게 된다는 건 분명 근사한 일이었다. 게다가 직업적 특성상 항공기에서 내리면 곧장 퇴근이기 때문에 야근이나 회식 같은 한국적인 문화에서 최대한 벗어날 수 있다는 것 또한 이 일을 삼 년 이상 버티게 했던 중요한 장점들이었다.

그동안 직업에 관해서는 좀처럼 기록을 남기지 않는 편이었다. 불현듯 누군가 혹시라도 내면의 방황이 가득한 나의 글들을 읽고 승무원이라는 직업 자체를 부정적으로 인식할 수도 있겠다는 우려였다. 간혹 내가 직업에 관해 쓴 글들 중 대부분은 글 쓰는 자아와 밥벌이 사이의 균형을 다뤘다. 그 위태로운 균형을 유지하고자 더 깊이 고뇌한 흔적들인데 이따금 지나치게 냉소적이고 고단한 부분들만 언급한 까닭에 오해가 발생할 수도 있으니까. 분명한 건 그 불안과 투정의 기록들은 오직 나의 내면에서만 발생하는 자신과의 투쟁과 타협의 과정이라는 점이다.

지금이 세 번째 직장이다. 그동안 이직을 하면서 깨달은 건 장단점을 떠나서 어떤 걸 이분법으로 나눌 때는 신중한 기준이 필요하다는 점이다. 그 기준에 일말의 타협도 없다면 시간이 흘러도 똑같은 틀에 갇혀 똑같은 불만을 토로하게 된다. 빛이 어둠을 동반하듯 장점은 애초부터 단점을 끌어안으며 존재한다. 무엇보다 장단점을 세워두고 비교할 수 있다면 이미 그 정도로 나쁜 환경에 처해있진 않다는 뜻일지도 모른다. 나쁜 환경이란 어떤 선택지도 없는 상황일 테니까. 장단점을 비교하기도 전에, 자신만의 기준을 설정하기도 전에, 오직 생존만을 위해 무조건 실행할 수밖에 없는 상황이 바로 그것이다.

우리는 주로 자신보다 더 나은 상황의 사람들을 바라보며 비교할 뿐 자신보다 더 열악한 환경의 사람들에 대해서는 무관심으로 일관한다. 이 단순한 문장이 모든 불행의 근원인데 사람의 마음은 간사하게도 자신의 위치에 따라 입장을 바꾼다. 모든 것이 자신에게 완벽한 환경이란 현실세계에 존재하지 않는다. 개인의 역량으로 모든 걸 스스로 선택하고 감당하는 프리랜서와는 달리, 집단이라는 건 개인을 위한 환경이 아니기 때문에 불편함을 감수하는 건 당연한 일이다. 이렇게 끝없는 합리화를 통해 생업을 유지하는 게 평범한 직장인들의 속마음이 아닐까.

내가 생업을 대하는 마음의 주기는 이렇게 흐른다. 초심에서 만족으로, 만족에서 불만으로, 불만에서 현실인식으로, 현실인식에서 체념으로, 체념에서 권태로, 권태에서 극복으로, 극복에서 만족으로. 그리고 처음부터 다시 무한한 반복. 그래서 어떤 시기에 멈춰 있든 그 상태가 영원히 지속되진 않는다는 걸 알고는 있다. 앞으로는 결국 내가 선택한 생업을 다른 태도로 받아들이며 만족한 채 살아가거나 혹은 다른 인생과 다른 만족을 찾아서 떠나게 될 것이다. 하지만 다른 곳에도 끝내 무늬만 다를 뿐 이전의 경험과 비슷한 순환이 존재한다는 건 늘 염두에 둬야 할 문제다.

밥벌이는 결국 자신과의 싸움이 될 테니까.

날마다 작별하는

항공기 승무원이라는 직업적 특성상 우리는 날마다 사랑하는 이들과 연락이 단절된다. 기내에 들어서는 순간 짧게는 두 시간부터 길게는 열 여덟 시간까지 우리는 그 사람을 그리워할 수는 있어도 그 사람에게 닿을 수는 없다. 그래서 승무원들은 비행기에 탑승하기 전 잠시나마 사랑하는 이들의 목소리를 듣고자 휴대전화에 열중한다. 누군가의 목소리가 이렇게나 간절한 적이 있었던가. 모두가 단체로 작별 인사를 나누는 모습을 바라보면 괜히 마음 한구석이 뭉클해진다. 잘 다녀올게요. 잘 지내고 있어요. 사랑해요. 마지막 말을 남겨둔 채 그들과 완벽하게 단절된 공간인 우리의 일터로 들어간다.

단거리 노선처럼 시간대가 비슷한 곳이라면 다행이지만, 장거리 노선처럼 밤을 꼬박 새우고 시간대가 크게 다른 곳에 도착하면, 한국은 대부분 새벽 시간이다. 비행기에서 내린 뒤 인터넷에 연결되자마자 부리나케 핸드폰을 켜고, 메시지를 확인하는 동료들의 얼굴에서 감출 수 없는 행복을 발견한다. 우리를 기다리다 먼저 잠든 사람들이 남긴 메시지들. 우리가 곁에 없을지라도 자신들의 하루를 틈틈이 전해준 고마운 마음들.

비록 몸은 녹초가 되었을지라도 사랑하는 이들이 우리에게 남겨준 흔적들이, 우리를 하루의 끝에 진심으로 미소 짓게 한다.

회복실

　항공기에는 승무원들의 휴식을 위한 숨겨진 장소가 있다. 밤새 근무하는 승무원들의 회복을 위한 공간인데 대부분 기내 복도 아래 혹은 천장 위에 마련되어 있다. 이곳의 구조는 마치 군대 내무반의 축소판과도 같다. 최소한의 공간이 간이침대와 커튼으로 효율적으로 나뉘어 있어서 단잠에 빠져들기에 부족함이 없다. 침대에 가만히 누워있으면 비행기 엔진 소리가 왠지 부드러운 배경음악처럼 느껴져서 마음을 편안하게 해준다. 보통은 뒤바뀐 시차와 강한 노동 강도로 인해 곧바로 쓰러지듯 잠에 빠져들지만, 가끔은 잠보다는 생각에 빠져든다. 인터넷이 연결되지 않은 하늘 위 기내만큼 완벽한 상념의 공간도 없다.

　정신없이 업무에 열중하느라 잠시 미뤄뒀던 생각들을 그제야 다시 꺼내본다. 연인과의 애정 문제, 깜빡하고 끝내지 못한 집안일, 동료들 간의 문제 등등. 잊고 있던 생각들이 단번에 밀려온다. 그러다가 휴대전화에 저

장된 누군가의 사진을 계속 만지작거리며 남몰래 웃음 짓거나 눈물 흘리기도 하고, 업무 중에 발생했던 미숙한 실수와 상사에게 핀잔을 들은 상황을 다시 곱씹어 보기도 하고, 기록하고 싶은 생각과 마음을 휴대전화 메모장에 정리하며 주워진 휴식 시간을 전부 보낼 때도 있다. 그렇게 회복실은 마음이 소란한 날에는 불면을, 마음이 평온한 날에는 단잠을 안겨준다.

항공기가 난기류를 만나 극심하게 흔들린다. 침대 위의 몸이 자동차가 비포장도로를 달릴 때처럼 덜컹거리며 벽에 부딪혀서 잠시도 좌석벨트를 풀 수 없다. 신입 때는 이렇게 극심한 난기류를 만나면 오늘이 내 인생의 마지막 날이 될 것이라는 불안에 사로잡히곤 했다. 혹시나 기체에 무슨 문제라도 발생하면 하늘 위에서 저 아래의 태평양으로 그대로 곤두박질치는 것이니까. 떨어진다는 사실보다 떨어지는 과정을 상상하면 특히나 불안했다. 생각보다 짧지 않은 시간일 것이다. 그동안 사람들은 무슨 생각을 할까. 아마도 두렵다는 생각만큼이나 남겨질 사람들 생각이 수천 번은 뇌리를 스칠 것이다. 사랑한다는 말은 남기고 싶지만 불가능하다. 하지만 물론 그런 상황은 발생하지 않는다. 그렇게 말할 수 있을 만큼의 확률이다. 그럼에도 그 작은 확률을 대비하기 위해 항공기는 비행 때마다 정비를 받고, 승무원들은 정기적으로 안전 훈련을 받는다. 모든 사고가 그렇지만 항공사고 또한 절대 발생해서는 안 된다.

연차가 쌓일수록 난기류에 대해 무뎌진다. 아마도 내가 난기류로 인한 큰 부상을 당해본 적 없기 때문일 것이다. 하지만 늘 동료들의 부상 소식을 듣는다. 가벼운 타박상부터 손목과 갈비뼈의 골절까지. 기내는 온통 둔탁한 사물들로 이뤄져 있어서 잘못 부딪히면 부상이 심각해진다. 우리가 늘 편안하게 팔을 올려두는 좌석 팔걸이, 식음료를 나르는 육중한 철제 카트, 그리고 가장 단단한 듯하지만 연약한 사람들의 머리까지. 난기류를 통과할 때는 기내의 모든 게 사람을 위협하는 흉기가 된다. 좌석벨트 표시등이 켜지고 착석 안내 방송이 들리면 승객뿐만 아니라 승무원도 자신의 안전을 스스로 지켜야 한다. 사고는 늘 예기치 못한 순간에 발생하니까.

모든 승무원이 자신의 일을 사랑하진 않을 것이다. 그건 다른 직업과 마찬가지로 적성에 맞지 않는 일을 각자의 사정으로 묵묵히 해내야만 하기 때문일지도 모른다. 하지만 그런 각자의 이유들과는 별개로 승무원으로서 승객들의 건강과 안전을 책임지는 일은 우리의 몫이고, 나의 몫이다. 그 의무를 다하는 게 나의 일이고, 나의 생업이다. 나는 나의 일을 사랑하지 않는다. 하지만 자신의 몫을 책임지지 못한다면 나는 나를 혐오하게 될 것이고, 그날로 지금의 일을 그만두게 될 것이다. 최소한 자신에게만큼은 부끄럽지 않을 것. 그것이 내가 이 직업을 유지하는 동안 지켜낼 직업관이다.

생각의 꼬리를 따라가다 보면 어느새 휴식 시간이 끝난다. 난기류도 잠잠해지고 이제 다시 일을 해야 한다. 상념은 잠시 접어두고 오로지 승무원으로서의 삶으로 돌아갈 시간이다. 허리를 숙인 채 침대와 침대 사이의 좁은 통로를 지나 객실로 향하는 문 앞에 선다. 문에 달린 작은 거울에 내 모습이 비친다. 거울 속의 나는 자꾸만 내게 어떤 말을 건네려 하는데 나는 좀처럼 그 입 모양을 읽어낼 수 없다. 하지만 언젠가는 그것을 알아들을 수 있는 날이 찾아올 것이라 믿는다.

이제 문이 열리고, 다시 나의 일이 시작된다.

빈센트

그날은 몹시도 추웠다. 한국에서 입던 가장 두꺼운 옷을 입었지만 네덜란드의 낯선 추위에는 어림도 없었다. 추위로 휴대전화가 방전되기도 한다는 걸 나는 그때 처음으로 알게 됐다. 하지만 어떻게든 반 고흐 뮤지엄에 가야만 했다. 한국에서 미리 예매를 했을뿐더러 오직 그날만을 기다리며 힘든 비행 근무를 버텼으니까. 며칠 전부터는 고흐와 관련된 몇 권의 책들과 영상들로 최대한 많은 정보를 머릿속에 욱여넣었고, 어릴 때부터 늘 음악 재생 목록에 담곤 했던 '돈 맥클린'의 '빈센트'를 반복해서 들으며 고흐의 흔적들을 마주하기 위한 감성을 최대치로 끌어냈다.

저 멀리 미술관이 보이기 시작했다. 그때부터 나는 추위도 잊은 채 비로소 설레는 마음을 자유롭게 풀어내며 한달음에 미술관에 입장했다. 고흐가 남긴 수많은 그림과 편지, 그리고 그것을 오랜 세월 소중하게 간직해준 가족들과, 늦게나마 고흐의 천재성과 그의 삶을 찬미하기 시작한 사람들의 흔적이 미술관 곳곳에 전시되어 있었다. 고흐의 작품 중 대중적으로 가장 유명한 '별이 빛나는 밤', '해바라기', '자화상', '꽃 피는 아몬드 나무' 등등을 비롯해 상대적으로 덜 알려진 풍경화와 정물화들을 감상하다 보니 각각의 작품을 그렸을 당시 고흐의 마음과 심리 변화가 조금 더 가깝게 다가왔다.

한국과의 시차를 겪으며 머리는 지끈거리고 다리는 저려왔지만 나는 고흐의 작품들 곁에서 온전히 한나절을 보냈다. 고흐는 세상을 떠난 이후 오랜 시간이 흐른 뒤 비로소 가장 대중적이고 사랑받는 화가가 되었지만, 그가 겪은 삶은 기형적인 정신 상태에서 비롯한 고통 그 자체였고, 그가 남긴 작품들은 광기의 예술이라 말하는 사람들도 많다. 그런데 나는 예술가의 정신 상태와 창작 의도를 진찰하려는 건 지나칠 정도로 신중해야 한다고 생각한다. 이를테면 학창시절 우리를 지독하게 괴롭혔던 언어영역에 시인의 창작의도를 맞혀 보라는 객관식 문제를 풀 때와도 같다. 암기해서 정답을 맞힐 수 있을진 몰라도 그것이 과연 정답이었을까.

소견은 자유지만 진단은 신중해야 한다. 생전에도 수많은 사람들로부터 정신병자라는 낙인이 찍힌 채로 살았던 고흐가 삶의 죽음 직전까지 예술혼을 태울 수 있었던 건 그림에 대한 열망과 세상을 바라보는 따뜻한 시선과 마음 덕분이 아니었을까. 따뜻한 사람 곁에 있으면 온기가 전해지기 마련이듯 그가 남긴 작품들에서도 가려진 온기가 느껴지는 것 같다. 누군가는 고흐의 삶이 고통으로 얼룩진 비극에 불과했다고 말할 테지만, 과연 고흐 자신도 짧았지만 누구보다 강렬하게 타올랐던 자신의 삶을, 단지 비극이었다며 머리를 감싼 채 절망의 표정을 지을까. 뒤돌아보는 고흐의 저 깊은 침묵의 눈빛에 담긴 의미를 읽어낼 수 있다면, 바로 그때가 찾아온다면, 나는 그 대답에 조금 더 가까워질 수 있을까.

고흐에게 그림이란 정신질환의 결과물이 아닌 극복의 산물이었다는 미술관 오디오 가이드의 마지막 목소리가 여전히 귓가에 맴돈다 .

사랑과 미로

사랑을 닮은 수많은 감정들 앞에서 현기증을 느낀다. 애초부터 감정의 홍수 속에서 사랑을 분명히 가려낼 수도 없었지만, 이제는 어쩐지 감정을 착각하면 다시는 누군가와 사랑에 빠질 수 없을 듯한 예감이 든다. 사랑이라는 미로 속에서 길을 잃었던 기억이 여전히 우리의 마음을 가득 채우고 있지만, 그럴수록 우리는 시간에 쫓기듯 더욱 맹목적으로 그 속에 우리의 생을 던져 넣는다. 이번에는 어쩌면 다른 이야기가 펼쳐질지도 모른다는 희망과 함께. 우리는 길을 잃지 않기 위해 실타래를 풀어놓거나, 벽에 표시를 해두면서 자신만의 흔적을 남겨두지만, 한순간 뒤돌아보면 우리가 남긴 흔적과 단서들은 어느새 사라지고 없다.

그렇게 우리는 미로 속에 갇혀 되돌아갈 수도 없고, 앞으로 나아갈 수도 없이 같은 자리를 맴돈다. 익숙한 느낌의 길이 실은 단 한 번도 지나오지 않은 길이었고, 낯선 느낌의 길이 알고 보니 방금 지나온 길인 것처럼.

이곳에서 벗어날 방법은 두 가지. 어떻게든 미로 밖으로 나가는 길을 찾거나 혹은 모든 걸 내려놓고 미로 속에 산다는 무서운 괴물에게 잡아먹히길 기다리는 것뿐이다. 우리가 어떤 선택을 하든 사랑의 기회는 또다시 찾아오겠지만, 미로를 한번 탈출했던 기억은 우리가 의문을 품던 사랑의 가능성을 한 단계 더 발전시키고, 우리에게 출구를 찾아 나란히 걸어나갈 기회를 준다. 반면에 괴물에게 잡아먹혔던 기억은 우리를 한 번 더 미로 속에 가둔 채 똑같은 선택의 기로 앞으로 이끌 뿐이다.

사랑이란 빠져든 후에 알게 되거나. 빠져나온 후에 알게 되거나. 혹은 빠져들고도 모르는 불투명한 감정이다. 사랑이 자주 미로에 비유되는 까닭은 우리가 미로 속에서 함께 겪는 불안과 두려움이 사랑에 대한 최소한의 각오를 말하기 때문은 아닐까. 조금은 구시대적인 생각일지도 모르겠지만, 우리에게 허락된 시간 동안 모든 감정과 마음을 흔쾌히 내어줄 각오가 됐다면, 미로 속에서 얼마든지 길을 잃는대도 두렵지만은 않을 것이다. 시간이 흐를수록 사랑을 닮은 감정들 앞에서 냉정함을 잃지 말아야 하는데. 한편으로는 세상 어딘가에는 여전히 순정을 간직한 사람들이 존재한다는 막연한 믿음으로 살아간다. 그 믿음이 나와 함께 한다면 똑같은 반복일지라도 언제든 다시 미로 속으로 발을 내딛고 싶다.

기록하는 일

아무것도 기록하지 않은 채 일주일이 흘렀다. 기록되지 않은 일상은 영원히 증발한다고 믿는 편인데, 지난 일주일이 송두리째 사라진 듯한 느낌이 드는 건 분명 그런 탓일 것이다. 아마도 기록할 만한 일들이 없었거나 기록하기에는 충분하지 않았던 걸까. 바쁘다는 핑계는 변명으로 식상할 뿐이다. 일상이 아무리 정신없이 흘러가도 짤막한 메모조차 남길 여유가 없었다는 건 다름 아닌 마음의 문제가 아니었을까.

기록으로 충만하던 시절이 있었다. 이십 대 중후반 시절. 그때는 글쓰기만으로는 현실을 살아낼 수 없다고 믿었는데. 오히려 직장인이 되어 안정적인 삶을 살고 있는 지금보다 그때가 더 글쓰기만으로도 삶이 충만했다. 물론 이따금 그 시절의 무수한 기록들을 들춰볼 때면 역시나 자신의 기록을 다시 마주하는 일에는 커다란 용기가 필요하다는 걸 깨닫는다. 숱한 모순과 검열의 흔적들. 부끄럽고 청승맞은 감정의 찌꺼기들. 그리고 세상에 나오지 못한 무용한 습작들을 뒤적이다 보면 어쩐지 내가 아닌 다른 사람의 기록처럼 낯설게 느껴진다.

　기록의 형태와 깊이도 세월을 따라 날마다 변한다. 꾸준함도 중요하지만 무엇이든 강박이 되면 자신을 갉아먹는다. 기록과 조금 멀어졌다는 이유로 불안이 엄습하는 걸 보면 나 또한 기록을 즐거움보다는 강박으로 다뤘던 게 아닐까. 언제든 마음의 준비가 되면 다시 나만의 시선으로 기록을 시작할 텐데. 구태여 찰나의 공백을 나태함으로 몰아세울 필요까지는 없을 텐데. 나 자신을 조금 더 믿어주기로 한다. 한 달 혹은 일 년을 기록 없이 살더라도 한순간 마음을 다잡으면 지난 공백이 무색할 만큼 전부 쏟아낼 수 있다는 굳건한 믿음을 갖기로 한다.

　언제까지나 내면을 유유히 산책하고 싶다. 산책에서 비롯된 생각과 감정의 파문을 담담하게 풀어내는 영락없는 일상의 기록자로 남고 싶다.

흔들리는 자화상

*

　가끔은 극심한 노동의 피로를 덜어내고, 자아의 막대한 소진을 막아내기 위해 책꽂이에서 무작정 손에 잡히는 책을 뽑아낸다. 그리고는 억지로라도 나의 정신을 책 속에 욱여넣으며 흠뻑 빠져들게 만든다. 노동으로 손상된 자아가 문장 사이를 떠돌다 결국은 정화된 채 내게 돌아온다. 하나의 문장 속에는 내가 지난 세월 동안 읽었던 모든 문장들의 연결점이 존재한다. 그래서 평소에는 완전히 잊고 살았던 과거의 독서 이력이 지금 읽는 책의 문장 속에서 새롭게 태어난다. 글과 책. 나는 이 부질없는 일들에 이끌리며 살아갈 숙명을 타고난 걸까. 무용한 일들은 어째서 이렇게나 매력적인지. 좋아한다는 이유로 쓸데없는 일들만을 고집했던 나도 지금은 묵묵한 사회인이 된 걸 보면 인생은 역시나 끝없는 우회로의 연속이다.

*

　잠들기 전의 일들이 기억나지 않는다. 장거리 비행으로 이틀을 통째로 깨어있었는데. 그동안 발생했던 일들을 일부러 지워버린 것처럼 기억이 흐릿하다. 사람은 한계를 넘어서는 스트레스를 받을 때면 자신의 수명을 보호하기 위해 필사적으로 기억을 망각하는 걸까. 기억이 지워진다면 스트레스의 근원 또한 사라질 테지만, 그렇게 집요한 망각으로 지켜낸 일상은 과연 무탈한 상태일까. 스트레스와 회복의 주기를 반복하다 보니 어쩐지 나를 이루고 있는 부분들이 그때마다 조금씩 닳아서 떨어져 나가는 것 같다. 그러는 동안 많은 사람들이 내 곁을 스쳐 지나갔고, 몇 번의 계절이 바뀌었으며, 어느새 또다시 한해가 명멸하듯 저물어간다. 이렇게 살아내는 현재를 그러모아 미래까지 도달한다면, 그때의 내가 경제적인 안정을 갖추고, 평화로운 가정을 꾸린다면, 그렇다면 나는 행복한 사람으로 분류되는 걸까.

*

　몽롱한 정신의 기록. 백 퍼센트의 컨디션을 잃어버린 날들. 낮에는 밤을 찾아 헤매고, 밤에는 낮을 그리워하는 방랑의 시간들이 계속된다. 내 삶의 리듬에 균열이 생기자 줄곧 고수해온 삶의 규칙에도 파열이 발생했다. 최상의 컨디션을 잃어버린 후 하루는 쉽게 무력하고 무감해졌고, 그렇게 의미 없이 날들이 흘러가고 있다. 나는 차라리 단순한 육체노동만을 하고 싶다. 상식의 반경을 벗어난 숱한 인간 군상을 상대할 필요가 없고, 그것으로 감정에 아무런 타격도 받지 않는, 혼자 묵묵하게 나아가는 고된 육체노동. 오직 하나의 단순 반복 동작에만 집중해서 정해진 시간과 할당을 채우면 도구를 내려놓고, 이마와 목덜미에 흘러내린 땀을 닦으며 후련하게 작업장을 떠나고 싶다.

*

노동과 감정의 완전한 분리. 노동을 하는 것은 오직 나의 정신이 녹아든 육체일 뿐이고, 그동안 감정은 소모되지 않고 휴식을 취하는 것. 이것이 지금의 내가 원하는 가장 이상적인 생업의 형태이다. 그렇게 된다면 나는 다시 백 퍼센트의 컨디션을 회복할 수 있을까. 저조한 컨디션은 나를 둘러싼 많은 부분을 망가뜨리려 한다. 마음의 여유를 상실한 채 일상과 주변을 소홀함과 무관심으로 일관하면 한순간 잿더미 속에 파묻힌 나를 발견하게 될 것이다. 탁월한 컨디션이 일상과 관계를 너그럽게 만드는 건 아니지만, 적어도 일상을 원만한 테두리 안에서만 작동하게 하는 파수꾼의 역할을 한다. 나는 생업이 사람을 잠식하는 촌극만은 피하고 싶다.

*

잠에서 깨면 다시 일터로 향한다. 이따금 잠은 일상의 장막이 되어 자꾸만 나의 하루를 앗아간다. 가슴에 오랜 꿈을 품은 노동자는 낮 동안 노동으로 자신을 소모하고, 밤이 찾아오면 마침내 자신의 꿈을 위한 생산적인 일을 시작한다. 다만 잠의 유혹을 피해 갈 방법은 없고, 그렇게 자신의 꿈은 조금 더 지체되고 가려진다. 그리하여 잠은 충전인 동시에 방전이다. 아침의 태양은 영락없이 떠오르고, 잠에서 깨어난 나는 적당히 충전된 체력과 적당히 방전된 꿈으로 하루를 시작하겠지. 그렇게 절반은 삐걱거리는 모습으로 지금을 살아간다.

삶의 나침반

해외에서나 한국에서나 나는 좀처럼 외출을 하지 않는다. 유명한 관광지가 있는 해외의 도시에 방문하더라도 어쩐지 아늑한 숙소에서 시간을 보내는 편을 선호한다. 조식뷔페에서 다양한 음식들로 배를 채우고, 좋은 기구가 구비된 헬스장에서 운동을 하고, 넓고 아늑한 침대가 있는 방에서 독서를 한다거나 글을 쓰는 쪽이 내게는 완벽한 휴식이기 때문이다. 그런데 가끔은 혹한의 날씨가 찾아와도 나를 새벽부터 바깥으로 이끄는 날이 존재하는데 그건 바로 좋아하는 화가의 그림이 있는 미술관에 가는 날이다. 암스테르담에서 반고흐 뮤지엄을 찾아갔을 때도, 파리에서 오르세 미술관과 오랑주리 미술관을 찾아갔을 때도, 그리고 뉴욕에서 현대미술관을 찾아갔을 때도 날씨는 휴대전화가 방전될 만큼 혹한이었다.

그럼에도 나는 새벽부터 단단히 채비를 하고 홀로 길을 나섰다. 얼굴은 칼바람에 붉게 물들어 단풍처럼 변해가도, 이 길의 끝에 사랑하는 그림들이 있다는 사실이

나를 더욱 끈덕지게 만들었다. 그렇게 도착한 미술관에서 나는 어쩌면 처음으로 비행 일의 보람을 느꼈고, 혹한의 날씨를 뚫고 온 충분한 보상을 얻었다. 언제나 사진으로만 감상하던 작품들이 눈앞에 전시되어 있다는 점이 나를 전율하게 했고, 어떤 화가의 비극적인 삶이 지금 우리에게는 이토록 아름다운 작품으로 남겨졌다는 역설 앞에서 오랫동안 정신이 아득했다. 화가들의 붓터치는 여전히 그림 안에 고스란히 담겨 있었고, 환희와 고뇌, 사랑과 절망의 순간들을 감히 들여다볼 수 있었다.

그만큼 나는 미술작품을 좋아한다. 그림과, 미술관의 분위기와, 작품을 감상하는 사람의 뒷모습을 좋아한다. 지금은 이렇게 떳떳하게 말할 수 있게 되었지만, 돌이켜보면 어릴 적의 나는 취향에 대해 떳떳하지 못했다. 아마도 소심한 성격 탓도 있었겠지만, 예술 지향적인 나의 취향이 확고하지 않았을뿐더러, 남자답지 못하다고 생각한 나머지 취향을 부끄러워하며 숨기고 살았다. 감성이 풍부하고 세심한 부분을 선뜻 드러내면 왠지 친구들로부터 유약한 아이라고 놀림을 받을 듯해서 나는 일부러 다른 취미들을 둘러댔다. 책과 그림과 음악보다는 차라리 농구와 수영을 좋아하는 강인한 아이라며 스스로를 꾸며댔다.

세월이 흐를수록 감각이 반응하는 대상은 현저하게 줄었지만 오직 취향에 대해서는 더욱 강렬하게 반응하기 시작했다. 다양한 그림과 문장들과 연주곡을 떳떳하게 감상하며 내가 만족하는 삶을 살아가는 것이다. 그 덕분에 삶은 다채로워졌고, 취향은 확고해졌으며, 개성은 분명해졌다. 나는 우울하고 쓸쓸한 작품들에 이끌리는 사람이라고 당당하게 말할 수 있게 되었고, 근거 없이 막역한 긍정과 위로만 건네려는 모든 장르의 작품들에는 아무런 관심이 없다고 오만하게 말할 줄도 알게 되었다. 어쩌면 편협함으로 변질될 수도 있겠지만, 취향을 벗어나는 것에는 일말의 눈길도 주지 않는다는 점에서 편리한 삶의 방식일 수도 있겠다.

모든 열정을 쏟을 수 있는 취향이 존재한다는 건 이것 자체로도 삶의 축복이 아닐까. 취향은 말 그대로 사람을 생동하게 한다. 그렇게 확고한 취향은 삶의 나침반이 된다.

어른의 삶

　사회생활을 하면서 자신의 내면을 전부 드러낼 수는 없다. 하지만 모순적이게도 전부 드러낼 수 없기 때문에 이렇게나마 적당히 자신을 숨긴 채 집단에 소속된 채로 일하며, 다양한 사람들과 근근이 섞여 지낼 수 있다. 상대방에게 내면의 민낯을 먼저 꺼내 보이는 일이 관계의 만병통치약이라 여기던 시절이 있었다. 하지만 그것은 자신과 비슷한 성향의 사람들끼리만 통하던 일종의 소꿉놀이 같은 것이었다. 만약 상대방이 자신과 마음의 결이 다른 사람이라면 이 방법으로 얕보일 수 있고, 그렇게 더는 궁금한 점이 남아있지 않을 때는 외면 받을 수도 있다.

　결국 마음이 통한다는 확신이 없다면, 적당히 내면을 드러내면서, 적당한 선을 유지하는 것만이 관계로부터 상처받지 않는 유일한 방법일까. 하지만 사람들이 관계 속에서 허우적거리는 건, 자신들의 뼈저린 다짐과는 상관없이 제멋대로 열리고야 마는 고장 난 마음의 문 때문일 것이다. 그 사람에게는 나를 절반만 보여주고 싶었는데, 조금 더 시간이 흐르면 그때 전부를 보여주고 싶었는데, 어느새 멋대로 열린 문틈으로 모든 마음이 흘러나갔다. 그런데 하필이면 그 사람이 나와 상극인 사람이라면, 아마도 마음의 문이 다시는 열리지 않도록 자물쇠라도 채워두고 싶을 것이다. 낡고 닳아야만 내 마음의 주인은커녕 문지기 행세라도 할 수 있다는 게 애석하지만 결국 수긍할 수밖에 없다.

세월이 흐를수록 상대방보다는 나 자신에게 진실된 내면을 보여줘야 하는 날들이 많아진다. 언제부턴가 나의 내면을 들여다보지 않게 되었고, 그렇게 내면의 목소리를 외면한 채 자신을 속이기 시작했다. 그건 아마도 지나치게 변해버린 자신에 대한 두려움이나 부끄러움이었을까. 마음에서 떠오르는 말들을 상대방에게 고스란히 전달하던 시절이 저만치 뒤편에서 멀어지고 있다. 자신의 내면을 꺼내 보이는 일. 어쩌면 가장 쉽고 당연했던 그 일이 이제는 가장 어렵고 두려운 일이 되었다. 누구도 내게 어른의 삶이 이렇게 어려울 것이라 가르쳐준 적 없었는데.

결국 인생은 스스로 부딪히며 자신만의 정답과 대답을 만들어가는 과정인 걸까.

자취의 역사

　본가를 떠나 타지에서 오랫동안 살아온 내게 이사란 생활의 일부였다. 처음으로 서울로 상경해 작은 원룸을 구하려 다녔을 때 나는 말 그대로 순진해 빠진 시골 학생에 다름없었다. 서울에서 혼자 산다는 환상에 젖어 무작정 지하철역에서 가장 가까운 부동산으로 들어갔다. 그리고는 뙤약볕 아래에서 부동산 사장님과 함께 몇 곳의 원룸을 살펴보다 유난히 마음이 끌리는 방을 발견했다. 사장님은 이마의 땀을 닦으며 이렇게 말했다. 이 방이 근처에서 가장 널찍하고 깨끗하다고. 집주인도 친절한 사람이니 다른 곳은 더 둘러볼 필요도 없다고. 나 또한 고개를 끄덕이며 어느새 계약서에 도장을 찍었다.

　그렇게 부푼 마음을 이끌고 이사한 방에 처음 몸을 뉘었을 때 세상이 나를 중심으로 움직이는 듯했다. 낮은 천장을 바라보며 드디어 그토록 꿈꾸던 자취 생활의 시작을 실감했다. 하지만 그 마음은 오래가지 못했다. 분명 계약 전 방을 살펴볼 때는 아무런 이상이 없다고 믿었는데, 곳곳의 벽지가 곰팡이로 미세하게 얼룩져 있었고, 창문을 닫아도 찬바람이 틈새로 스며들었고, 방음도 좋지 않아 밤마다 옆방의 젊은 연인들이 몸을 섞는 교성이 벽을 타고 흘러들었다. 게다가 친절하다는 집주인 아저씨는 지나치게 세입자들의 생활을 간섭했고, 바로 옆 건물은 재건축의 이유로 날마다 이른 아침부터 저녁까지 공사가 이어졌다. 한마디로 나의 첫 자취 생활은 모든 행운이 비껴간 듯한 환경에서 철저하게 실패한 기억으로 남았다.

그 후로 짧게는 육 개월 길게는 이 년마다 방을 옮겼다. 실패의 교훈으로 나는 심혈을 기울여 방을 구하기 시작했지만 이사를 마친 후에야 뒤늦게 알게 되는 것들이 많았다. 평범한 가정에서 자란 대학생 신분으로 서울에서 구할 수 있는 방은 사실 대부분 비슷한 조건과 환경이었지만 그래도 조금 더 널찍하고 쾌적한 환경을 찾기 위해 나는 부단히 발품을 팔며 동네의 곳곳을 들추고 다녔다. 그렇게 내 자취의 역사는 노량진을 시작으로, 수원, 신림, 상도, 신도림, 영등포, 종로를 거쳐 지금의 가양에 이르기까지 꽤 많은 동네에 흔적을 남기며 쌓여 왔다. 지금 돌이켜 보면 구태여 그렇게 옮겨 다닐 필요는 없었는데 그때의 나는 지금보다 훨씬 더 예민하고 까다로운 철부지였기 때문에 어떻게든 이사의 명분을 만들어냈던 듯하다.

그 중 유독 나를 또다시 다른 곳으로 떠나게 했던 가장 큰 명분은 낯선 곳에서 완벽한 고독을 느끼고 싶다는 허무맹랑한 치기였다. 사실 타지에서 올라온 대학생이라면 대부분 자신이 소속된 학교 주변에 자리를 잡기 마련이지만 나의 이사 원칙 중 하나는 학교에서 가깝지 않은 곳에 방을 구하는 일이었다. 아무도 나를 쉽게 찾아올 수 없는 곳. 누구도 나를 알아보지 못하는 곳. 술 취한 친구들이 하룻밤 신세를 질 수 없는 곳. 실제로 대학 시절 동안 내 자취방에 들렀던 친구들은 손에 꼽을 정도였고, 대부분 막차가 끊겨도 나를 찾아오기보단 택시를 타고 순순히 집으로 돌아갔다. 그것이 바로 내가 꿈꾸던 완벽한 자취생활이었고, 그러한 나만의 기준은 지금까지도 여전히 이어지고 있다.

이를테면 나는 어떻게든 나만의 공간을 확보하려는 성향이 남들보다 짙고, 그 공간에 타인을 초대한다는 건 내 삶의 일부를 떼어주는 듯한 느낌을 받는 사람이다. 반대로 내가 타인의 공간을 방문할 때도 마찬가지. 내가 그 사람과 삶의 일부를 공유해도 불편하지 않을 관계가 되어야만 부담 없이 방문할 수 있다. 그런데 대학 시절에는 이런 친구들이 반드시 몇 명쯤은 존재한다. 언제나 대문을 활짝 열어두고 누구나 반길 수 있는 너그러운 성격을 가진 친구들. 찾아오는 아이들을 위해 자신의 침대와 이불을 흔쾌히 내어주고, 고향에서 부모님이 보내준 맛있는 반찬을 나눠주던 친구들. 그 친구들의 자취방은 막차가 끊기거나, 술에 취해 정신을 잃거나, 시험기간에 밤샘 공부를 핑계로 늘 많은 아이들의 아지트가 되곤 했다.

오랜 시간이 지난 이제야 하는 말이지만, 어쩌면 나는 늘 그런 넉넉한 마음을 가진 친구들을 부러워했는지도 모르겠다. 항상 친구들로부터 멀리 떨어진 채 혼자만 고상한 척하면서 외로움 같은 건 나약함의 상징일 뿐이라며 자신을 속여왔지만, 속으로는 이기적일뿐더러 관계를 맺고 유지하는 능력이 망가진 듯한 나 자신을 늘 한심하게 생각했다. 세월이 흘러도 달라진 건 많지 않았다. 오히려 자신이 살아온 길을 어떻게든 포장하려는 부질없는 자존심만 강해졌다. 그때나 지금이나 그럴듯한 변명만 늘어놓고 있을 뿐 여전히 관계에 대해 무지하고, 사랑에 대해 착각하고, 결국 혼자 남게 될까 불안에 떨면서도 좀처럼 타인에게 먼저 다가가지 못한다.

그렇지만 과거를 돌이킬 수는 없는 일이다. 만약 돌아간다 해도 그때의 나는 지금의 나와는 다른 사람이라 결국 똑같은 선택을 하며 살아갈 수밖에 없을 것이다. 가만히 내게 묻고 싶다. 닫힌 채로 굳어버린 관계의 문을 열기에 지금은 너무 늦어버린 시간은 아닐지. 대학 시절 그 마음 넉넉하던 친구들은 과연 그 답을 알고 있을까. 자신의 곁을 선뜻 내어주던 그 친구들이라면 이미 그 깊이에 닿았을지도 모르겠다. 집도 마음도 이렇게나 많이 이사를 다녔지만 나는 아직도 똑같은 실수와 후회를 반복하며 살아간다. 하지만 그럼에도 아직 늦지 않았다고. 사람을 알아가는 일에 늦는다는 건 없다고. 누군가 꿈결에라도 이렇게 속삭여주는 상상을 해본다.

글을 쓴다는 것

 글은 매력적인 만큼이나 위험하다. 사람들은 말을 잘하는 상대를 의심한다. 반면에 글을 잘 쓰는 상대의 문장은 명백한 진심이라고. 글을 올곧게 쓰는 사람은 불온하지 않다고. 아무런 의심 없이 현혹된다. 그렇게 한 사람의 작가와, 한 줄의 문장은 생각보다 간단하게 누군가의 신념이 된다.

 글은 고상한 사람들의 농밀한 추파이자, 경계의 환락이며, 그리고 최후의 무기다. 글을 쓰는 사람들이 반드시 남들보다 성숙하고 현명하다는 믿음은 어리석은 편견이다. 글은 단지 오랜 시간 꾸준히 앉아서 제작하는 성실함의 산물일 뿐이다. 한 사람의 영혼에 틈입한 작가와 문장은 새로운 인생 좌표를 제시한다.

 말은 주워담을 수 없지만 시간에 희석된다. 하지만 글은 시간의 흐름을 외면한 채 작가 없이도 살아남는다. 그렇게 작가는 영원히 자신의 문장에 봉인된다. 과거에

썼던 어리석은 문장들이 파수꾼처럼 작가의 삶을 끈질기게 따라다니며 문장의 반경을 이탈하지 못하도록 막는다. 종이 위에 남겨진 한때의 열렬했던 흔적이 미래의 자신을 옭아맨다니 슬픈 모순이다.

그렇다면 글을 쓴다는 건 자신의 문장 안에 갇힐 각오와, 어떤 상황과 마주할지라도 자신이 쓴 글임을 인정하는 무거운 책임감이 필요한 일이다. 게다가 자신의 문장을 신념으로 삼는 사람들을 생각하면 단순히 글을 유행 따라 제작하는 게 아닌 오직 자신이 직접 소화한 생각과 감정만을 써야 하는 부담감 또한 동반하는 일이다.

자신이 갇힐 감옥을 스스로 만들어가는 일. 그것이 글을 쓰는 사람의 불가피한 숙명이라면. 감옥의 종류를 선택하고 내부를 꾸려가는 일 또한 모두 자신의 몫일 것이다.

위로 전문가

 나는 고민상담이나 위로를 자처하는 책들이 무섭다. 유행 따라 그런 책들이 늘어나는 것도 무섭고, 정작 위로라며 건네는 말들의 생김새에 당혹감을 감출 수가 없다. 그런데 정작 이 시대가 필요로 하는 건 어쩌면 그러한 책들이 아닐까. 자본은 기회를 놓치지 않고 그들과 손을 잡았다. 일반상식 같은 위로가 돈이 되는 시대라니. 사실 위로라는 말은 섣불리 꺼내기조차 망설여질 만큼 조심스런 단어였다. 그만큼 소중하고 어려운 말이라서 사람들은 의식적으로 그 단어를 아끼며 살았다.

 하지만 위로 열풍은 더욱 거세게 불었고, 사람들은 답답한 현실을 잠시라도 잊고 싶은 마취의 개념으로 위로를 소비했다. 충분히 의미가 있다고 했다. 그렇게라도 사람들이 짧고 가벼운 글들에 익숙해지면 결국은 다른 독서로 이어지는 선순환이 찾아온다고 했다. 하지만 나는 그 말에 조금 회의적인 입장이다. 위로를 글로 암기해서 건네는 사람의 영상을 봤다. 그의 휴대전화에는 인터넷에서 긁어온 짤막한 문구들이 가득했다. 그걸 하나씩 꺼내 사람들의 마음을 어루만져 주기 때문에 자신은 예술을 하는 사람이라고 했다. 가장 좋아하는 작가는 김수영 시인과 알베르 카뮈라고 했다. 그 말을 듣고 나는 화면을 꺼버렸다.

　소란한 날들이다. 암기한 것들로 근사하게 말하려 애쓰는 것보다는 차라리 입을 다문 채 가만히 곁에 있어 주는 편이 훨씬 더 커다란 위안이 될지도 모른다. 나는 지금의 우리에게 가장 절실한 건 충분한 침묵의 시간이라고 믿는다. 우리는 타인의 위로 없이도 스스로 회복할 수 있는 능력을 갖췄다. 다만 그동안의 고독을 견딜 수 있는 용기가 부족할 뿐이다. 생각해보면 우리가 타인의 위로를 통해 마음을 회복한 적이 얼마나 있을까. 사람은 분명 자신만의 고유한 치유력을 갖고 있지만, 어쩌면 스스로 그것을 얕잡아 보며 타인의 손길만을 기다리는지도 모른다.

　하지만 자신이 아닌 타인에게 의존하기 시작하면 상처를 직시할 수 없다. 사람은 결국 자신의 성찰 속에서 스스로 성장하는 동물이라서, 섣불리 누군가의 손길을 잡으면 머지않아 상처가 되풀이되는 걸 목격하게 된다. 고민상담도 위로도 한순간 듣기 좋은 말들이라는 건 의심의 여지가 없지만, 특정한 누군가가 아닌 모두에게 적용되는 위로의 효용이란 과연 얼마나 가치가 있을까.

모든 일회용은 견고하지 않다.

해석된 풍경

    오늘도 일상을 살아간다. 어제와 별반 다를 것 없는 오늘을 살면서 새로운 내일을 기대하지만, 결국은 오늘처럼 보통의 하루를 보내게 될 것임을 안다. 똑같은 하루가 반복되는 우리의 일상이 결코 타인의 일상과 똑같다고 말할 수는 없다. 우리의 일상은 타인에게 전혀 다른 각자의 인상이 되어 받아들여지기 때문이다. 우리가 매일 마주하는 사람들과 감정들과 장면들은 개인의 숫자만큼 다르게 해석되어 각자의 풍경이 된다. 자신이 좋아하는 영화 속 명장면도 누군가에게는 아무런 감흥도 불러일으키지 못하는 것처럼. 모두가 웃음을 지을 때 혼자 눈물 흘리는 관객이 있는 것처럼. 장면마다 보편적인 해석이 존재할 뿐 타인들과 다르게 생각했다는 이유로 잘못된 해석은 아니다.

    결국 똑같은 풍경을 바라보는 해석이 저마다 다른 개인들 시선의 반영이라면. 우리가 보는 것과 우리에게 보이는 것 또한 각기 다른 삶의 이력이고 내면의 민낯일 것이다. 우리의 일상을 자세히 들여다보면 절대 남들과 똑같은 하루는 존재하지 않는다. 다만 우리가 남들과 비슷하게 살아가려고 애쓰는 것뿐이다.

길치의 마음

 길을 걷다 문득 길을 잃는다. 아무리 내가 길치이긴 하지만 구글맵을 켜고도 방향을 잃는다는 건 왠지 나의 방향 감각에 적잖은 문제가 있다는 의미일까. 분명 구글맵은 나 같은 사람들을 위해 존재하는 것일 테지만, 정작 나 같은 사람들은 그걸 제대로 써먹지 못하고, 다만 같은 곳을 서성이며 방황할 뿐이다. 결국은 원래도 길눈이 밝은 사람들이 구글맵의 도움을 받으며 한껏 더 편리한 삶을 살아간다. 무엇보다 내가 그들을 가장 부러워하는 까닭은 그들은 설령 길을 잃는 순간이 찾아와도 타고난 감각으로 금세 방향을 바로잡는다는 점이다. 어쩌면 그들에게는 길 위에서의 방황이 없을 것 같아서. 누군가는 방황을 삶의 선물이라 말하고, 또 누군가는 방황을 삶의 낭비라고 말한다. 하지만 그건 어디까지나 각자의 자유로운 생각일 뿐이다.

 길치인 나는 짧은 외출에도 그곳이 처음 가보는 곳이라면 잔뜩 긴장할 때가 많다. 만약 길눈이 밝은 사람이 곁에 있다면 아무런 걱정 없이 그 사람의 꽁무니만 따라가면 될 테지만, 만약 내가 누군가를 이끌어줘야 할 경우라거나 혹은 나 혼자 길을 나설 때는 신경을 한껏 곤두세운 채 주위를 살핀다. 혹시나 목적지에 도착하더라도 돌아가는 길이 생각나지 않을까 곳곳의 특정한 가게나 표지판을 사진으로 남겨둘 때가 많다. 이럴 때는 마치 내가 그리스 로마 신화에 등장하는 '아리아드네'처럼 길을 잃지 않기 위해 실타래를 풀며 미로 속으로 들어가는 듯한 기분이다.

그럼에도 불안과 초조를 감수하고 마침내 목적지에 도착했을 때의 감격이란 말로 형언할 수 없다. 게다가 돌아가는 길까지 문제없이 찾는다면 나로서는 그날을 특별한 기록으로 남길 정도의 뿌듯한 하루로 기억한다. 혼자만의 힘으로 그곳에 다녀왔다니. 길치가 아닌 사람은 이런 종류의 기쁨을 이해할 수 없겠지만, 자신의 약점을 스스로 극복해낸 성취감에 대해서는 다들 공감하지 않을까. 물론 길 찾기에 실패하는 날도 많은데 그럴 때는 나 자신이 그토록 한심하게 여겨질 수가 없다. 이렇게 쉬운 길도 찾지 못해서 헤매는 모습이라니. 사람 구실을 제대로 하고는 있는 걸까. 그렇게 자괴감에 빠져든 날들도 많았다.

그렇지만 유독 길치만 길을 잃는 건 아니다. 누구나 정신을 바짝 차리고 있어도 문득 길을 잃는다. 그리고는 겁먹은 아이처럼 주위를 서성이며 쉽사리 발걸음을 다시 떼지 못한다. 분명 지금까지 똑바로 걸어왔다고 믿었는데 목적지가 보이기는커녕 뒤돌아보면 돌아갈 길이 아득하기만 하다. 계획한 적 없던 방황과, 의도한 적 없던 불안이 한순간 나를 감싼 채 놓아주지 않는다. 어쩌면 길을 잃는다는 것은 우리의 의지와는 상관없이 삶의 변곡점마다 우리가 필연적으로 감당해야만 하는 순간들과의 만남이 아닐까.

어디서부터 길을 잘못 들어선 걸까. 그렇다면 이제 어디로 가면 되는 걸까. 차라리 길을 잃은 김에 조금 쉬었다 가면 어떨까. 애초에 길눈이 밝은 사람에게는 이러한 고민도 필요하지 않겠지만, 나 같은 길치에게는 이미 잃어버린 길 위에서 너무 조급하게 벗어나려 하지 않는 것 또한 하나의 해결책이 된다. 마음을 침착하게 가다듬고 길 잃은 이곳이 애초의 목적지였던 것처럼 편안한 마음으로 방황하다 보면 뜻밖의 새로운 길을 발견하기도 하니까.

그 무엇도 계획대로 흘러가지 않는 삶 속에서, 가끔은 그렇게 우연히 자기만의 길을 발견하게 된다는 점이, 한 번뿐인 인생이 지루한 반복 속에서도 이따금 새롭게 시작되는 게 아닐까.

보통의 삶

몸살을 앓고 병원을 찾아가면 늘 스트레스를 줄여보라는 말을 듣는다. 내가 애초부터 스트레스에 취약한 사람이고, 서비스직 종사자로 살아가는 만큼 상대적으로 스트레스에 더 많이 노출된 환경에서 생활하는 건 분명하다.

하지만 요즘은 대부분의 사람들이 정도의 차이만 존재할 뿐 누구나 자신만의 정신 질환을 앓는 듯하다. 대부분의 스트레스는 일과 밀접한 연관이 있고, 일은 우리의 경제적인 사정과 분리할 수 없는 관계로 자본주의 사회에서 스트레스란 결국 돈과 가장 밀접한 연관이 있다고 믿는다. 금전적인 풍요는 행복의 확률을 높여주고, 반대의 경우는 불행의 확률을 높여준다. 그만큼 시대를 불문하고 돈은 대단히 중요한 가치이다. 돈의 중요성을 알기 때문에 생각할수록 사로잡히고, 사로잡힐수록 스트레스가 가중된다. 모두가 소중하게 여기는 가치는 결국 모두의 스트레스가 된다.

잠시 일을 중단하고 며칠만 휴식을 취해도 몸과 마음은 완벽하게 회복된다. 하지만 평범한 직장인이라면 휴일을 제외하면 늘 정해진 일정과 업무에 매진하는 숙명에서 벗어날 수 없다. 나 또한 승무원이라는 생업을 유지하기 위해 날마다 정해진 비행 스케줄에 따라 움직인다. 불규칙한 업무 환경에서는 예측할 수 없는 변수들이 스트레스를 가중시킨다. 그럼에도 내가 바꿀 수 있는 건 없다는 걸 알기 때문에 어떻게든 받아들이는 편이 심신의 건강에 이롭다. 이제는 스트레스 지수가 높을수록 월급도 비례하여 높아진다고 체념하는 편이 결국 스트레스를 줄여줄 수 있다고 믿는 단계에 이르렀다.

좋아하고 잘하는 일이 분명한 나는 지금의 직업과 직장을 나의 조용하고 꾸준한 창작 활동을 받쳐주는 단단한 버팀목으로 받아들인다. 말 그대로 직업에서 삶의 보람과 의미를 모색하는 태도는 포기한 지 오래되었고, 대신 꿈과 취미 속에서 보람과 의미를 발견하려 한다. 생업은 소중하다. 생업이 생활을 받쳐주기 때문에 좋아하는 일을 자유롭게 실행할 수 있고, 사랑하는 사람들에게 베풀 수 있는 여유를 갖출 수 있다. 집단보다 개인의 삶이 중시되는 완벽한 개인주의 시대에는 결혼도 육아도 더는 필수가 아니다. 그 흐름을 따라서 자신의 삶을 어떻게 꾸려나갈 것인가에 대한 각자의 대답이 가장 중요한 화두가 되었다. 기존의 가치는 이미 무력해졌고 이제는 남들의 시선과는 상관없이 자신에게 적합한 삶의 방식에 중점을 둔 채 오로지 개인의 행복에 충실한 사람들이 많아진다.

많은 불행이 경제적인 궁핍보다는 상대적인 궁핍에서 비롯된다. 비슷했던 친구보다 내가 뒤처지고 있다는 생각에서 불안은 시작되고, 그것이 불행이 되어 들쥐처럼 우리의 보통의 삶을 갉아먹는다. 이렇게 살다가는 똑같은 미래가 예정되어 있다는 생각으로 일확천금을 노리기 시작하지만, 그렇게 남아있는 삶마저도 망가지는 경우가 대부분이다. 간단한 해결책이 있다고 한다. 욕심과 비교를 멈추면 스트레스가 사라진다지만, 우리는 모두 교과서에 등장할 법한 성인군자가 아니라서 악순환은 유지된다. 때로는 모든 생각을 멈추고 싶다. 차라리 완벽한 육체노동자이고 싶다. 그렇게 육체로만 땀을 흘리고 정신은 그동안 불안도 비교도 없는 곳에서 짧은 휴식을 취할 수 있다면 얼마나 좋을까.

하지만 결국 나는 이렇게 살아갈 것이다. 생업을 그만두지 못하면서 불평도 멈추질 못하고, 타협을 했으면서 더 나은 처우를 바라고, 육체와 정신의 노동으로 벌어들인 돈으로 보통의 삶을 살고, 내면에 쌓인 감정을 강박적으로 기록하고, 작은 책들을 몇 권 더 출간하고, 불현듯 사랑에 빠졌다가 또다시 상처를 나누고. 그렇게 결국 똑같은 쳇바퀴 위의 삶을 살아가겠지. 반복되는 일상이 모여 삶이 될 텐데. 나는 지금의 일상으로 어떤 삶을 꾸려갈 수 있을까. 경제적인 안정을 목표로 하는 삶 이외에 정서적인 행복과 지금껏 부여잡았던 기록자로서의 자부심과 생활신조. 그리고 마지막 끈인 꿈을 지켜낼 수 있을까.

지금도 몸살을 앓는 걸 보면 무엇보다 몸 건강을 제대로 관리할 수 있을지 의문이다. 과도한 업무와 노동 강도를 소화하다 보면 어쩐지 한국의 직장생활은 집단 이외 개인의 존재를 완전히 지우려는 것처럼 느껴진다. 나는 여전히 삶의 풍랑에 휩쓸리고 있는데 이제 그만 생각을 멈추라 한다. 생각을 멈추고 맡은 업무에 집중하라 한다. 하지만 나는 어떻게든 나 자신으로 살아가고 싶은 사람이다. 이 감각을 잃으면 머지않아 내가 지워질 것을 안다. 집단에 부딪히고 깨지는 일이 많겠지만, 그럼에도 나는 최소한의 나를 지켜내기 위해 분투할 것이다.

연극의 공간

 다양한 이력의 사람들이 생업을 목적으로 하나의 집단에 모여든다. 개인의 이력과 교양의 수준과는 상관없이 하나의 집단에 속하는 순간 사람들은 고유성을 잃고 집단을 대변하는 일원이 된다. 그런데 슬프게도 집단의 수준은 특정한 몇 명의 개인들이 이끌어가기 마련인데. 대부분 상식의 범주를 벗어난 특출나거나 특이한 사람들이 집단의 고상하거나 저열한 문화를 만들어 나간다.

 현실은 우리를 소속된 집단에서 쉽게 이탈할 수 없게 만들고, 사람들은 불가피하게 집단의 문화에 적응하거나 뾰족한 송곳이 되어 문화를 새로이 고치려 한다. 그 과정에서 사람들은 인간의 바닥과 내면의 파괴를 목격하기도 하고, 삶을 지탱하던 의미를 잃기도 한다. 중도의 자세를 지키는 사람들은 언제든 휩쓸릴 위험이 있고, 저열함과 고상함의 극단에 서 있는 사람들은 좀처럼 자신들이 쌓아온 입지를 누구에게도 내어주려 하지 않는다.

비로소 우리가 하나가 된다는 환희와, 어떻게 우리가 하나가 되냐는 환멸이 어지럽게 뒤섞이는 처연한 연극의 공간이 바로 회사다.

감정놀음

사랑의 감정에 중독된 사람들을 어렵지 않게 만난다. 살면서 자신의 감정이 극한으로 고양될 때가 있다면, 사랑은 그것에 가장 적합한 형태의 감정이 아닐까. 사랑을 한 번이라도 경험한 사람이라면 그때 우리의 삶이 그 사람으로 인해 얼마나 충만했는지. 그리고 그 사람을 위해 어떻게든 더 나은 사람이 되고 싶었던 자신의 열망을 기억한다. 자신보다 더 소중했던 그 사람이 떠난 자리는 무엇으로도 메울 수 없다. 급기야 다른 사람을 만나 그 텅 빈 자리를 메워보려 하지만, 아직 우리는 새로운 인연을 위해 억지로 마음을 변화시킬 준비가 되지 않았다.

그렇지만 우리는 이내 다시 누군가와 사랑에 빠진다. 지나간 사랑은 흘러가는 시간을 당해낼 수 없다. 운명과 추억의 힘을 믿는다면 언젠가 다시 지나간 인연과 재회할 날을 기대해볼 수도 있겠지만, 그런 일들은 좀처럼 발생하지 않는다. 각별했던 한때의 사랑도 이제는 잔잔한 물결이 되었고, 그 사람에게도 웃으며 안부를 물을 수 있을 것만 같다.

어쩌면 이것이 우리가 경험하는 보통의 연애가 아닐까. 누군가는 마침내 영혼의 단짝을 만났다며 결혼하게 되겠지만, 대부분은 주어진 시간을 함께하다 이별의 길로 접어든다. 머지않아 또 다른 사랑을 찾아 헤매고, 사랑의 감정에 이전과는 조금 다른 방식과 속도로 접근하려 노력하지만, 마음은 언제나 주인의 말을 듣지 않고 제멋대로 앞서거나 뒤처진다. 이번에는 꼭 그 사람과 오래도록 나란히 걷고 싶지만, 데자뷔처럼 떠오르는 과거의 장면들이 자꾸만 우리의 사랑을 방해한다.

그렇게 비슷한 지점에서 사랑에 빠지고, 또 비슷한 지점에서 무너져 내린다. 그렇다면 상대방의 문제보다는 내가 여전히 극복하지 못한 나의 문제들에서 비롯된 결과가 아닐까. 이쯤 되면 권태를 느끼고, 이쯤 되면 결핍을 느끼며, 이쯤 되면 이별을 염두에 두는 고질병처럼. 우리는 어리석게도 지금보다 자신과 더 잘 맞는 상대가 있을 것이라고 믿는다. 그래서 끊임없이 사랑하고, 또 끊임없이 이별한다. 사랑이 안겨주는 환희에 중독되어 맹목적으로 그 설렘과 기대를 찾아 떠난다.

그런데 사랑에 중독된 사람들이 있는 반면 이별에 중독된 사람들도 있다. 이별에 중독된 사람들은 자신에게 찾아온 행복을 의심한다. 나는 분명 이쯤 되면 불안을 느끼고 이별을 해왔던 사람인데 어쩌면 지금이 바로 그때가 아닐까. 이별하고, 또 시간을 견뎌내면 또 다른 사람과의 사랑이 시작될 텐데. 나는 계속 그 사람과의 만남을 이어가도 되는 걸까. 우리는 늘 서로에게 사랑을 말하지만 어쩐지 나는 행복과는 어울리지 않는 사람 같고, 그래서 이쯤에서 다시 이별해야 할 듯한 불안이 엄습한다.

우리의 인연이 좀처럼 만날 수 없는 귀한 사랑과 행복인 걸 알면서도 마치 연어가 귀소본능으로 강물을 거슬러 올라가듯 구태여 안정적인 사랑을 거슬러 올라가 이별이라는 알을 낳고 쓰러져 버린다. 버릇처럼 이별하고, 습관처럼 슬픔의 감정에 몰입한다. 얼마나 기다려온 절망과 우울의 환희란 말인가. 이것이 바로 내 삶의 의미이고, 이 어두운 감정에서 비로소 절망의 꽃이 피어날 것이다. 이별에 중독된 사람은 이렇게 비극 속 주인공처럼 대사를 외칠 때 비로소 가슴 뛰는 삶을 살지도 모른다. 그 사람을 살게 하는 건 행복이 아닌 고통이므로.

누군가에게는 이별 중독이 불안의 고통에서 벗어날 가장 탁월한 방법이 될지도 모르겠지만, 분명한 건 이것은 기형적인 모습의 사랑과 도피라는 점이다. 이별에 중독된 것이 아닌 사랑에 깊이 빠져들 수 없는 병에 걸린 것과도 같다. 사랑에 도달하는 마지막 관문에서 언제나 지레 겁먹고 도망치는 모습이라니. 그리하여 관문 너머의 감정과 관계를 자신이 감당할 수 있을지 불확실한 불안에 쫓기며, 자신에게 가장 익숙하고 안정감을 주는 매력적인 우울 속으로 피신한 것이다. 반복되는 사랑과 이별의 악순환 속에서 오히려 안정을 느끼는 사람이라니. 이것은 아마도 혼자만의 감정놀음이 아니었을까. 이를테면 늘 식물 키우기에 실패하지만, 그럼에도 식물을 무척이나 좋아하는 사람이 또다시 새로운 식물을 키우면서, 어차피 시들어버릴 텐데 이번에는 물을 얼마나 자주 줘볼까 생각하며 실험하는 것과도 같다.

적당히 물을 주며 시들지 않게만 살아갈 수 있다면, 우리는 과연 그것을 사랑이라 부를 수 있을까. 때가 되면 분갈이를 해주고, 때가 되면 영양제를 놓으며 모범답안처럼 정성껏 보살펴준다면. 우리는 또 그것을 사랑이라 부를 수 있을까.

사랑은 우리의 영원한 숙제이지만 억지로 하는 의무는 아닐 텐데, 생각보다 많은 사람들이 사랑의 감정을 자신의 실험대상 정도로 여기는 듯하다. 이번에도 실패했지만 어쩔 수 없었다는 말만 되풀이하면서. 어쩌면 사랑과 이별에 중독된 사람들은 스스로 만들어낸 가여운 감정놀음의 희생양이 아닐까.

결국 사람들은 날마다 스스로 만들어둔 어설픈 걸림돌에 넘어지면서도, 괜히 애꿎은 사랑을 한탄하며 살아간다. 사랑에는 아무런 잘못이 없다는 걸 누구보다 잘 알면서도.

이뤄질 수 없는 약속

사람들은 연말이 되면 유독 바쁜 하루를 보낸다. 어제와 오늘, 그리고 내일도 약속으로 가득하다. 이를테면 연말은 멀어진 것들을 최대한 되돌려놓는 시기다. 이대로 두면 다시는 마음이 닿지 않는 곳까지 멀어질 것 같아서. 사람들은 저무는 한 해와 연말의 들뜬 분위기를 앞세워 용기를 내본다. 당신의 안부가 궁금했다는 말도. 목소리가 여전하다는 말도. 앞으로도 잘 지내자는 말도. 연말에는 어색함이나 불편함보다는 너그러운 이해와 용서로 포용된다.

그렇게 우리는 또다시 약속을 한다. 이따금 안부를 나누며 살자고. 하지만 이루어질 수 없는 약속에 대해 실망하던 시절은 끝났다. 지금은 단지 이루어질 수 없는 약속이라도 나눌 수 있는 사람들이 곁에 있다는 것만으로도 마음이 충만해진다. 연락이 없어도 나를 잊지 않고 기억해준 당신이. 연락이 없어도 당신을 잊고 않고 살아온 내가. 그리고 연락이 없어도 서로에 대한 기억만큼은 고스란히 남아있으니까.

나는 연말마다 당신들과 이루어질 수 없는 약속을 하고 싶다. 그래서 언제까지나 당신들 곁에서 서로가 서로에게 지고야 마는 뻔한 거짓말을 하면서 살아가고 싶다.

3부

마음으로부터

목욕탕 가던 날

 초등학교 시절이었다. 아빠와 나는 한 달에 두 번 정도는 꼭 함께 목욕탕에 갔다. 어린아이가 일요일에 늦잠을 포기하고 목욕탕에 간다는 건 쉬운 일이 아니었다. 그럼에도 아빠의 손을 잡고 흔쾌히 따라나섰던 건 나름의 보상이 있었기 때문이었다. 아빠와 목욕 후에 마시는 비타민 음료가 나는 그렇게나 청량하고 좋았다. 한국어로는 자신감이라는 뜻의 그 비타민 음료는 용량도 넉넉해서 어린 나의 갈증을 해소해주기에 충분했다. 그 음료가 내게는 첫 번째 보상이었고, 집으로 돌아가는 길에 들르던 유명한 해장국 집이 두 번째 보상이었다.

 하지만 진짜의 보상은 따로 있었다. 직장인의 주 육일 근무와 야근이 당연했던 그 시절. 맞벌이 가정의 외아들인 나는 낮에도 혼자 지내는 시간이 많았고, 저녁에도 아빠의 퇴근을 기다리다 먼저 잠든 날들이 대부분이었다. 날마다 학교에서 어울리는 똑같은 아이들과의 시간만으로는 심심함을 채울 수 없던 나는 그럴수록 아빠와의 시간에 대한 그리움을 쌓아갔고, 일주일 동안 차곡차곡 쌓은 그리움이 비로소 일요일에 해방되는 셈이었다. 일요일 이른 아침부터 몰아치듯 시작되던 아빠와의 행복했던 그 시간들이 내게는 최고의 소풍이자 보상이었다.

그런데 아무리 돌이켜봐도 그 시절 일요일 아침부터 아빠와 서로의 등을 밀어주고, 같이 해장국을 먹고, 집으로 돌아가는 차 안에서까지. 대체 그 긴 시간 동안 우리가 무슨 대화를 나눴었는지는 좀처럼 기억나지 않는다. 다만 나는 대화 대신 몇 가지 장면들만은 분명하게 기억하고 있는데. 이를테면 나의 작은 손이 부지런히 움직였던 드넓은 등과, 음료를 건네주며 내 어깨를 꼭 감싸 쥐었던 두툼한 손과, 그리고 나의 모든 움직임을 지켜보던 다정한 눈빛과 흐뭇한 미소 같은 것들이다. 이런 장면들은 아무리 시간이 흘러도 흐릿해지거나 뒤틀리지 않고 마음속에 고스란히 남아있다.

아빠와 더는 목욕탕에 함께 다니지 않게 된 건 언제부터였을까. 막역한 소꿉친구처럼 지내던 우리 둘 사이에 벽이 생기기 시작한 건 아마도 내가 조금의 철이 들면서부터였던 것 같다. 아빠들의 삶이 녹록지 않다는 걸, 아빠가 더는 친구가 아닌 우리 식구를 책임지는 가장이라는 걸 깨닫게 된 순간부터 감사와 존경의 마음이

드는 동시에 모순적이게도 아빠가 조금 어려워졌다. 아빠의 장난에 반응하던 방법을 잃어버렸고, 목욕탕에 같이 가자는 말에도 대답을 얼버무리다 결국 일요일 아침을 늦잠으로 채웠다. 더는 아빠라는 존재가 내가 쉽게 장난치며 다가갈 수는 없는 나와는 다른 커다란 어른처럼 느껴졌던 탓일까.

엄마에게, 연인에게, 그리고 친구들에게는 종종 나의 마음을 꺼내 보이지만, 어째서 유독 아빠에게만큼은 그런 일이 생각처럼 쉽지 않은 걸까. 이제는 내가 다른 도시에서 따로 살게 된 까닭에 일 년에 많아 봐야 다섯 번 정도만 아빠를 만날 수 있게 되었는데, 그때마다 아빠의 체구가 점점 작아지고 있다는 걸 느낀다. 엄마에게는 맥가이버 아저씨였고, 내게는 슈퍼맨이었던 나의 아빠도 이제 예순을 훌쩍 넘겼다는 사실을 나는 좀처럼 받아들이지 못한다. 살다 보면 도저히 익숙해지지 않는 것들이, 마침내 아픔으로 받아들여야만 하는 것들이 많은 것 같다.

일요일 아침마다 방영하던 디즈니 만화 동산을 포기할 만큼 나는 그 시절 아버지와의 시간들이 참 행복했다고. 너무 많은 세월이 지났지만 지금이라도 마음을 꺼내 보이고 싶다. 사랑하는 이들에게 부디 늦지 않는 내가 되기를.

달의 영역

달은 우리의 마음을 담아 전달한다. 달에 마음을 담아 띄워 보낸다는 근사한 표현처럼 달은 실제로 마음의 메신저 역할을 해 우리에게 위안을 준다. 지금 한국에서 적어도 열 시간은 멀리 떨어진 이곳 미국에서 바라보는 달과, 당신이 한국에서 바라보는 달의 모습이 별반 다르지 않다는 사실은, 우리가 마음만은 가까이 연결되어 있다는 믿음을 단단히 만들어준다. 요즘은 손가락 하나면 곧장 당신에게 안부를 물을 수 있는 시대지만, 안부를 묻는 방식이 편리해진 만큼 당신이 더 소중해진 건 아닐 것이다. 오히려 언제든지 당신에게 닿을 수 있기 때문에 손쉽게 일상의 안부를 나누는 고마움을 당연한 마음으로 여길 때도 많아졌다.

우리 손에 작은 휴대전화가 쥐어지기 이전. 모든 게 아날로그였던 그 시절의 달은 지금보다 수많은 사람들의 마음을 전달해주던 메신저였다. 비록 지금은 기술의 발전이 우리의 낭만을 가로막은 셈이지만 그럼에도 달은 여전히 많은 이들에게 순전한 감성의 영역이라서 날마다 숱한 기도와 소원을 끌어안는다. 이 순간. 지구의 절반이 넘는 사람들이 밤하늘의 같은 곳을 바라보는 장면을 떠올린다. 그리고 달을 바라보며 자신이 아닌 다른 사람을 생각하는 눈빛들을 생각하면 마음이 경이롭다. 하나의 사물이 우리에게 아직 남아있는 순수한 마음을 이끌어낸다는 건 인간의 영역을 넘어서는 일이 아닐까.

달은 애틋함의 기록물이다.

나를 감싸는 시선

사진에는 그 사람의 시선이 담긴다. 오직 단 한 사람의 유일한 시선이 담기기 때문에 사진 없이는 하루도 살지 못하는 이 시대에도 여전히 사진은 예술의 영역에 속하는 것인지도. 사진은 시선을 감출 수 없고, 시선은 마음을 숨길 수 없다. 따뜻한 마음이 담긴 시선으로 찍은 사진은 언제나 우리의 눈이 아닌 마음을 녹인다.

하루에도 수많은 사진들을 본다. 우리는 분명 그 무수한 사진들 중 오직 몇 장만을 마음에 담아 간직한다. 자극적이고 가벼운 사진은 쉽게 사람의 이목을 끌지만 마음으로 향하는 길목에도 닿지 못한 채 기억에서 사라진다. 반면에 따뜻한 시선이 담긴 사진은 지름길을 통해 곧장 우리의 마음속에 들어와 자리를 잡는다.

그러한 사진들은 지울 수 없다. 지워도 결코 지워지지 않는 문신이 되어 우리 삶의 일부가 된다.

희망이 깃들길

　엄마가 자꾸만 나를 안으려 한다. 한없이 작아진 몸으로. 내 품에 꼭 안긴 채로. 그리고는 힘겹게 사랑한다고 말한다. 나는 왠지 이번이 마지막이 될 것 같다는 예감을 피할 수 없어서 엄마의 작은 품을 파고든다. 희망이라는 게 존재한다면 지금 우리 앞에 그림자라도 모습을 비춰야 할 시기인데. 얼마나 우리를 애태우려는지 아무런 기척도 없다. 소녀의 감성과 마음을 간직하고 있는 엄마가 요즘은 모든 걸 내려놓고 싶어 한다. 엄마와 심적으로 각별하게 연결된 나는 하필이면 그 말과 말 사이의 행간을 누구보다 가깝게 읽어낸다. 그래서 한없이 슬프고 서러울 따름이다.

　소원이 있다면 엄마의 건강에 차도가 생겨서 우리에게 평범한 일상이 되돌아오는 일이다. 마주앉아 함께 밥을 먹고, 차를 마시고, 그리고는 집 앞의 공원에 나가 손을 잡고 산책하는 일. 만약 그게 우리가 할 수 있는 전부라고 할지라도, 그러한 평범하고 소소한 시간을 엄마와 함께 다시 한 번 보낼 수 있다면, 만약 그럴 수 있다면, 더는 욕심 부리지 않으려 한다. 원망도 모르고, 미움도 모르고, 자신이 아픈 건 살면서 죄를 많이 지었기 때문이라고 말하는 엄마. 건강을 되찾는다면 여생을 온전히 어려운 사람들을 위해 봉사하며 살고 싶다는 바보 같은 나의 엄마. 정말 우리에게 작은 희망이 나타나 줄 수는 없을까.

파리의 청년들

　이곳은 왜 책을 읽지 않느냐는 질문에 '직접 살기 위해서'라고 답하는 당찬 학생들이 사는 혁명의 나라. 책 몇 권 읽었다고, 글 몇 줄 썼다고 해서 감히 누군가의 멘토가 될 수 없는 환경이다. 사람들은 둘러앉아 예술과 철학에 대해 깊은 논쟁을 하고, 누구도 그런 모습을 괴짜라고 비난하지 않는다. 학생들은 유년시절부터 자신의 목소리를 내는 방법을 학습하고, 일찍이 학교 수업의 일부인 모의 노동분쟁에 참여하며 노동자의 권리에 대해 익숙해진다. 물론 이곳 또한 청년 실업이라는 심각한 먹구름이 드리웠지만, 이러한 현상을 해결하려는 정부의 제도와 정책은 우리와는 사뭇 다를 수밖에 없다.

　실업난은 청년들이 자초한 문제가 아닌 정부의 미흡으로 발생한 상황이라는 걸 모두가 책이 아닌 현실을 체험하며 정확하게 알고 있다. 비록 지위는 없을지언정 모두가 당당하고 굽힘이 없다. 사람마다 개인의 철학과 신념을 소유하고 있어서 누군가 그것을 침해하려 한다면 이들은 수단과 방법을 가리지 않고 자신의 생각을 관철시킨다. 이곳에서 책이라는 물성은 그들에게 어떤 역할을 할까. 책은 그들의 성장과 학업에 도움이 될 수는 있어도, 그 자체로 진리가 될 수는 없을 것이다. 책을 풍부하게 읽는 사람들은 끊임없이 자신의 내면과 투쟁을 벌이며 올곧은 시야와 태도를 터득하기도 하지만, 때로는 책을 맹신한 나머지 현실에서 직접 살아가며 깨달음을 얻는 사람들과 기회를 뭉뚱그려 폄하하기도 한다. 이를테면 자신이 읽은 책들로 높은 벽을 쌓아둔 채 그 너머를 바라보지 못하는 셈이다. 읽은 책이 다시 책을 쓴다는 말은 전혀 틀린 말은 아니지만, 책 이외의 현실에서 또 다른 깨달음을 얻을 수 있다는 가능성을 외면한다면, 그때야말로 생동하는 철학이 완전히 죽는 '정신을 잃어버린 세대'가 될 것이다.

평범한 시민의 입장에서 요즘 한국을 관통하고 있는 정신에 대해 생각해보지 않을 수 없다. 씁쓸하지만 철학, 정신, 소양, 신념 등등의 단어를 꺼내는 것조차 민망해진 지 오래된 듯하다. 가뜩이나 질식할 정도로 답답한 세상을 구태여 더 복잡하게 살 필요가 없다는 생각이 '욜로'를 탄생시켰다. 그렇다면 지금 한국을 관통하고 있는 시대정신은 오직 욜로뿐인 걸까. 뚜렷한 용어로 설명할 수는 없어도 모두가 남을 짓밟고 올라서려 하는 것만은 분명해 보인다. 짓밟지 못할까 봐 불안하고 짓밟힐까 봐 두렵다. 모두가 위로가 필요하다고 생각하며 앞장서서 위로를 해주겠다는 사람들이 많아진다. 위로라는 단어는 신기할 정도로 들을수록 사람을 지치게 만드는 성질이 있다.

그렇다면 욜로를 비롯해 위로가 한국 사회를 관통하는 정신이 될 수 있을까. 위로의 시대라니. 조금은 가엾은 말이다. 이 시대에 책이라는 사물과 글을 쓰는 작가의 역할은 무엇일까. 위로의 선봉에 서서 사람들을 힐링의 나락으로 이끌면 충분할까. 혹은 이 흐름에 저항하며 지옥에서 희망을 길어올리듯 새로운 시대의 정신을 만들어 가야할까. 책은 우리 내면의 얼어붙은 바다를 깨는 도끼여야 한다는, 이제는 진부해진 카프카의 비유까지는 아닐지라도 책은 이따금 우리의 경색된 생각과 마음을 찌를 수 있는 송곳의 역할을 해야 한다고 믿는다. 그때 비로소 책은 누군가 직접 살아가며 깨달은 삶의 지혜와 견줄 만한 소양을 전해주지 않을까.

낯선 국가에 대한 환상일지라도 파리의 청년들을 통해서 책을 바라보는 시선이 조금 더 명료해졌다. 지금 유행하는 책들이 바로 우리 정신의 자화상이다.

이국의 거리에서

　이국의 시간 속에서 나는 적막하다. 그토록 이국을 동경하면서도 결국은 한국을 그리워하다니. 두 개의 시간을 동시에 살아내는 일상이 여전히 곤혹스럽다. 낮과 밤이 뒤섞이면 신체리듬뿐만 아니라 생각과 감정도 낯선 모습으로 변한다.

　이국의 낮을 살다가도 문득 한국의 밤처럼 감성적으로 변한다거나, 이국의 밤을 살다가도 한국의 낮처럼 정신이 또렷해져 잠 못 이루기도 한다. 그럼에도 나의 온 신경은 기필코 한국을 향한다. 내가 태어나고 자라온 곳, 내 삶이 온전히 녹아있고, 사랑하는 사람들이 살아가는 곳. 삶에 지쳐 모든 걸 포기한 채 고국을 떠나려는 사람들도 끝내 사랑하는 이들 때문에 선택을 망설이는 것처럼. 사람은 고독과 고통 속에서도 결국 사람 없이는 살아갈 수 없는 걸까.

　이국의 낯선 거리에서 불현듯 흘러간 인연들과의 오래된 기억이 떠오른다. 유년시절부터 학창 시절을 거쳐 어른이 된 지금에 이르기까지의 수많은 순간들과 장면들. 유독 이국에 머물 때마다 일정한 순서도 특정한 연관도 없이 지난날이 아른거린다. 시간과 공간이 변하면 그리움도 곱절이 되는 모양이다.

계절을 앓는 사람들

*

가을날 정처 없이 거리를 걷는다. 계절의 길목마다 바람의 감촉은 유난히 변덕스럽다. 계절의 변화를 따라 바람의 결도 변하고, 사람의 마음 또한 그 바람을 따라 흔들린다. 흔들리다 제자리를 잡고, 다시 흔들리기를 반복한다. 누군가는 계절의 변화가 찾아오기 전부터 흔들리기 시작해서, 계절이 끝날 때까지 끊임없이 흔들린다. 그것은 언제나 마음의 피부가 얇은 사람들의 몫이다. 바람만 스쳐도 통풍에 걸린 것처럼 마음이 시린 사람들. 그 사람들은 자신을 보호하기 위해 바람을 피하기보다는 오히려 바람에 몸을 맡긴다. 더 자주 앓고, 더 자주 시려 봐야 결국은 단단해진다는 것을, 하지만 단단해져 봐야 바람 앞에서는 부질없다는 것을 모두 안다는 것처럼. 계절을 앓는 자들의 마음을 과연 누가 비웃을 수 있을까.

*

　오늘따라 구름의 문양이 아득하다. 구름은 하늘의 표정이다. 여름을 떠나보내는 아쉬움인지, 가을을 맞이하는 설렘인지, 계절이 바뀌는 이맘때만 되면 구름의 문양이 소란하다. 하늘은 때마다 찾아오는 계절 앞에서 속수무책이다. 익숙해질 만하면 떠나가서는, 잊을만하면 다시 돌아온다. 구름은 하늘의 굳은살이다. 다시 찾아올 계절에 대한 기다림의 흔적이다. 사람들은 구름의 문양에 동심을 품을 뿐 구름의 속사정을 알지는 못한다. 구름은 다만 침묵한 채 하늘을 부유한다. 유유히 아무래도 괜찮다는 듯이.

*

　겨울의 길목에서 나뭇잎은 말이 없다. 다만 그 계절의 변화를 온몸으로 견뎌내다 색이 바랜다. 우리는 단풍을 아름다움이라 말한다. 고통을 극복하려는 삶의 의지는 종종 어떤 결과물을 낳는다. 그것은 타인에게는 분열의 결과물일 수도 있지만, 때로는 비극적으로 아름다운 극복의 산물이자 예술 작품이 될 수도 있다. 사람들은 겉으로 드러나지 않는 의지와 마음에 대해서는 좀처럼 들여다보려 하지 않는다. 계절을 견디다 색이 바래고, 마침내 떨어지는 순간까지 말없이 고요한 나뭇잎의 의지를. 우리는 우연히 라도 생각해볼 필요가 있다.

*

건망증이 심해지는 계절이다. 돌아서면 희미해지고, 집중하지 않으면 새겨지지 않는다. 내가 속한 적 없었던 어제처럼, 겉도는 오늘처럼, 그리고 비껴가는 내일처럼. 나는 중심에서 멀어져 어디에도 침잠하지 못한 채 주변을 부유한다. 언젠가 오래전에 길을 잃고 헤맸던 동네 어귀에 들어서듯 나는 어렴풋한 발걸음과 반쯤 감긴 눈으로 이 계절에 입국한다.

*

겨울에 태어난 탓일까. 찬바람이 불면 나는 생기를 띤다. 앙상한 나뭇가지들이 계절을 버티다 못해 떠나간 잎사귀들의 빈자리를 느끼기 시작할 무렵부터 나는 제대로 숨을 쉬기 시작한다. 찬바람이 머릿속과 몸속까지 불어와 텁텁한 잔여물들을 밖으로 꺼내 가면 나는 한순간 정화된다. 하지만 내가 겨울을 좋아하는 까닭은 따로 있다. 겨울은 한해의 마지막 계절인 탓인지 자꾸만 우리에게 정리를 재촉하기 때문이다. 끝내지 못한 일들을 서

두르라고. 잡을 수 없는 것들은 내려놓으라고. 올해는 이만하면 충분하니 미련 두지 말라 한다.

*

우리의 마음속에는 한 해 동안 차마 비워내지 못한 생각이 밀린 빨래처럼 한가득 쌓여있다. 자세히 들여다보니 한때는 나의 감정과 마음인 줄 알았으나, 실은 대부분 내가 아닌 다른 사람들의 기준과 생각을 따라 하려던 부담과 걱정에 지나지 않았다는 걸 이제는 안다. 그리고 지금 이 계절처럼 밀린 마음을 씻기에 적당한 시기도 없다는 것도. 한해의 끝자락에 다다르면 누구나 조금씩은 지난날을 돌아보고, 그렇게 몇 벌의 마음 정도는 깨끗이 씻어 접어두기 마련이니까. 언젠가 다시 꺼내볼 수는 있겠지만, 우선은 정리할 수밖에 없는 마음들을. 우리는 간직하고 있다.

모든 계절을 감당하는 건 결국 각자의 몫이다.

회색 취향

　　회색을 편애하는 나의 취향은 이력이 깊다. 유년시절부터 한사코 회색 옷들만 사들였고, 때마다 이번만큼은 취향을 바꾸려 작심한 채 옷 가게에 들러도 결국은 역시나 회색이었다. 나 같은 사람에게 쇼핑을 위해 긴 시간을 투자하는 건 지극히 소모적인 일이다. 어차피 회색에 사로잡힐 테고, 외면하려 해도 자꾸만 회색에 붙들리기 마련이니까. 옷장을 열면 회색의 삭막함이 극에 달해 옷들마저 그 답답함에 질식하려 한다. 하지만 그래봤자 회색만이 답이라는 걸 안다.

　　살다 보면 변할 줄 알았지만 한결같은 나의 취향은 오히려 뚜렷해졌다. 사물이나 사람에게도 마찬가지. 아무리 변해보려 해도 결국은 제자리로 돌아와서야 마음에 평온이 깃들었다. 생각해보면 마침내 변했다고 믿었던 것들 중 대부분은 여전히 그대로인 것들이 많았다. 변하고 싶은 마음은 자기최면으로 향했고, 변한 척 연기를 해봐도 어차피 자신에게 가장 빨리 들통 나고 말았다. 어쩌면 단지 시간의 흐름을 핑계로 자신에게조차 무뎌지고 싶었는지도 모르겠다.

하지만 그럼에도 변한 듯 살아야 할 날들이 자꾸만 늘어간다. 내키지 않는 걸 애써 품고 사는 것만큼 피로한 일도 없을 테지만, 어른의 세상에서는 단순히 나의 취향을 서슴없이 드러내는 일에도 커다란 용기가 필요한 듯하다. 조직과 집단이 선호하지 않는 성향과 취향을 섣불리 내비치면, 당신은 우리와 어울리지 않는 일종의 부적응자로 몰리는 일도 허다하니까. 그렇지만 주류에 적응하기 위해 내게 없는 모습을 억지로 꾸며대다 결국 나 자신마저 잃고 싶지는 않다.

취향은 영락없는 나의 본성이며, 취향을 따를 때 온전한 나 자신이 된다. 회색 취향의 내가 상황에 맞춰 어떤 색의 옷을 입든 부디 변하지 않는 본질만큼은 반드시 품 안 깊숙이 간직하고 싶다. 그렇게 언제든 실은 나는 회색을 좋아하는 사람이라고 당당하게 말하며 살아가고 싶다.

오늘의 기분

　어제는 첫눈이 내렸지만 오늘은 아무런 기별이 없다. 어제는 새하얗게 황홀했지만 오늘은 이렇게나 무미건조하다. 기분은 때때로 날씨에 못 박힌다. 일 년 내내 날씨가 변한다면 기분도 날마다 오락가락할 테지만, 그렇게 정신없이 살아갈 수 있을까 싶다가도, 생각해보면 이미 날마다 다른 기분으로 살고 있다는 걸 깨닫는다. 다만 내가 똑같다고 느낄 뿐 정작 똑같은 기분으로 살았던 날은 단 한 번도 없었다. 사람들은 상대방을 어떻게든 위로하려 애쓰면서도 가장 중요한 자신의 기분은 안녕한지 들여다보지 않는다.

　그리고는 자신들의 기분을 단순하게만 말한다. 좋아요. 안 좋아요. 별로예요. 그냥 그래요. 기분은 어제와 오늘의 날씨처럼 무한정 다양할 텐데. 그러다가 어딘가 망가질 때까지 기분을 방치한다. 주인이 들여다보지 않는 마음은 고장 날 수밖에 없다. 꾸준히 관심을 갖고 들여다보지 않으면 어느새 모든 게 얽힌다. 기분도. 성격도. 그리고 삶의 한 부분까지도. 내가 과연 다른 사람을 어떻게 대하고 있는지, 그리고 내 마음을 어떻게 대하고 있는지. 가끔이라도 깊숙한 내면을 들여다볼 필요가 있다.

들여다본다 하여 기분이 변하는 것은 아닐 테지만, 들여다보지 않는다면 기분의 변화에는 도무지 기약이 없다.

바쁘다고 말하겠습니다

　별일 없이 살다가도 문득 생각에 사로잡힙니다. 저를 구성하는 것들 중 시간이 흘러도 변하지 않는 부분이란 혹은 변할 수 있는 부분이란 얼마나 존재할까요. 사람은 누군가를 위해 변할 수 있다지만, 제가 과연 그럴 수 있는 사람인지 확신할 수 없고, 한결같음이라는 애틋한 말도 실은 고집의 우회적인 표현이 아닐까 싶습니다. 누구를 위한 한결같음일까요. 상대방만을 위한 한결같음이라면, 혹은 나만을 위한 한결같음이라면, 결국은 한쪽에서 감수하고 포기하는 부분이 발생할 겁니다. 그건 우리가 추구하던 한결같음과는 다르지 않을까요.
　지나치게 생각이 많은 사람은 기피 대상이 됩니다. 구태여 인생을 이토록 복잡한 생각들에 뒤덮여 피곤하게 살아갈 필요가 있을까요. 생각이 나의 주인이 되어야 한다고. 생각하는 대로 살지 않으면 사는 대로 생각하게 된다고. 저는 그 문장을 삶의 유일한 정답처럼 가까이했습니다. 비록 생각대로 살아본 적은 많지 않지만, 생각이 삶의 방향을 바로 잡아준다고 믿습니다. 삶이 경로를 이탈했을 때 경보음을 울려서 제자리로 돌이켜주는 역할은 오직 자신의 생각 뿐이라는 맹목적인 믿음으로요.

생각이 많다고 해서 남들보다 똑똑하거나 현명한 건 아닙니다. 생각이 많다는 건 단지 생각의 과부하일 뿐입니다. 일상의 모든 순간에 흘러넘칠 만큼 많은 생각과 의미를 부여하면 오히려 올바른 판단과 선택이 멀어집니다. 발생하지 않은 일들의 변수의 변수를 생각하고, 깊이의 깊이를 생각하고, 게다가 선을 넘어 남들을 향한 오지랖까지 터득하면, 저는 생각에 갇혀 아무것도 할 수 없고, 오직 가만히 생각만 할 수 있게 됩니다. 그리하여 생각이란 저의 유일한 주인이자, 어설픈 감옥이고, 저를 놓아주지 않는 지독한 늪입니다.

어쩌면 생각이 많은 사람들의 길은 애초부터 정해져 있는지도 모릅니다. 생각이 많으면 불가능한 일도 있고, 생각이 많아야만 가능한 일도 있는 것처럼요. 저는 지금도 어느 곳을 잠시 우회하는 듯한 기분이고, 숙명처럼 이미 정해진 길을 따라가는 것 같습니다. 아직은 모든 게 불투명한 미래이지만, 이 감각과 방향을 계속해서 따라가다 보면 언젠가 저만의 길에 도달할 수 있을까요. 바쁘냐고 묻는다면 저는 오직 생각에 잠긴 채 아무것도 하지 않느라 바쁘다고 말하겠습니다.

명절의 아이러니

 명절이 되면 누군가는 떠나고, 누군가는 남는다. 그리고 누군가는 남겨진다. 남겨진 사람들은 얼떨결에 공간의 파수꾼이 되어 사람들이 떠난 흔적들을 마주한다. 이것은 쓸쓸함일 수도 혹은 후련함일 수도 있겠다. 누구나 저마다의 사정과 감정을 풀고 살면서도 타인들로부터 너무도 쉽게 단정되고 왜곡된다. 명절이 만들어낸 만남의 자리에 모인 낯설거나 친밀한 타인들은 수많은 표정과 감정을 뒤섞으며 어색한 침묵보다는 차라리 불편한 안부를 택한다.

 불편한 안부에 불편하지 않은 답변을 하려면 어떤 표정과 말투를 선택해야 할까. 어른의 대열에 끼어들수록 스스로 선택해야만 하는 순간들은 많아지고, 그것에 관한 책임 또한 가중된다. 모든 선택은 나의 몫이고, 아무도 나의 선택을 변호해주지 않는다. 사람들은 명절을 앞세워 친밀한 대화를 나누려 하지만, 아쉽게도 명절이 끝나면 우리가 허물었다고 믿었던 벽이 여전히 혹은 더욱 견고하게 우리 사이를 가로막고 있다는 걸 깨닫는다.

전통적인 명절의 풍습은 당위성을 잃었다. 유교와 조상을 언급하며 부단히 설명을 해봐도 개인주의와 과학적이고 효율적인 사고가 정착한 요즘 사회에는 납득이 불충분하다. 영문도 모른 채 부모를 따라 한날한시에 고속도로 대이동에 합류하고, 차례상의 수고로움 앞에서 특정한 의식을 치르고, 모두가 마주앉아 어색한 말들을 나눈 뒤 다시 각자의 집으로 돌아가던 아이들이 이제 어른이 되었다.

그 어른들 중 나처럼 염세적인 사람은 명절에 의문을 품는다. 오래된 명절의 풍습과 전통이라는 이유만으로는 각박한 현실 속 모처럼 찾아온 긴 휴일을 온통 쏟아붓기에 동력이 부족하다. 어째서 한날한시에 교통난을 뚫고 한곳에 모여야만 하는지. 어째서 한날한시에 피가 섞였다는 낯선 친척들을 만나야만 하는지. 어째서 며칠 전부터 누구를 위해 차례상을 차려야만 하는지. 어째서 영문도 모른 채 해마다 두 차례씩 이 일을 반복해야만 하는지.

물론 그런 의문들은 내가 친척들과의 다정한 유대관계를 경험해보지 못한 사람이기 때문일지도 모른다. 하지만 당위가 사라진 자리에 의무만 남았다면, 그 의무를 책임질 의지 또한 사라지고 있다면, 게다가 나처럼 명절의 풍습에 의문을 품는 사람들이 점점 더 많아진다면. 그때는 명절 연휴가 긴 공휴일 이상의 의미를 가질 수 있을까. 사랑하는 가족을 만나기에는 명절 이외의 날들이 보다 적합하고 효율적이다.

무엇이든 억지로 이어지고 있다면 어쩌면 그건 이미 미련일지도 모른다.

냉소를 품은 사람들

저는 영문도 모른 채 냉소주의자가 되었습니다. 사람들은 간혹 저를 비관주의자라고 말합니다만, 저는 스스로 비관주의자라고는 생각하지 않습니다. 저는 다만 긍정론자가 아니고 근거 없는 기대와 희망을 품지 않는 사람일 뿐입니다. 막연한 우연을 기대하는 건 지극히 허황된 믿음이라 생각하지요. 솔직히 저는 냉소주의자도 아닙니다만, 저를 그렇게 오해하는 사람들에게 구구절절 설명해야 하는 번거로움을 피하기 위해 단지 체념한 것뿐입니다.

저는 세상을 조금 차갑고 우울하게 바라봅니다. 어쩌면 노력에 비해 성과가 부족했던 지난날의 영향인지도 모르겠습니다. 묵묵한 성실함 만큼 녹슬지 않는 무기도 없다지만, 성실함이 무기로 다듬어질 때까지는 고통과 인내의 시간이 필요합니다. 사람은 실패를 딛고도 계속해서 부딪히는가 혹은 물러서는가에 따라 전혀 다른 삶을 살게 된다고 생각하는데요. 누군가 마침내 주목받는 사람이 있다면 분명 자신과의 싸움을 묵묵히 견뎌낸 시간 덕분일 겁니다.

시대와 사회에 관심을 기울일수록 세상을 따뜻한 시선으로 바라보기란 불가능하다고 느낍니다. 타인의 삶과 사회의 흐름이 어떤 방향으로 흘러가든 자신의 사랑과 행복을 말할 수만 있다면 긍정과 낭만일까요. 냉소를 합리화하려는 건 아닙니다. 다만 냉소가 지나치게 부정적으로 통용되는 현상이 조금은 씁쓸하다는 독백입니다. 삶의 발전은 허황된 믿음이 아닌 꾸준한 성찰과 행동에서 비롯됩니다. 그럴 때 비로소 우연과 행운의 힘도 함께 작용할 수 있겠지요.

냉소적인 사람들은 부단한 노력에도 좀처럼 성과를 기대하지 않습니다. 성과를 달성하지 못하면 자신의 탓이고, 성과를 달성해도 안도의 한숨을 돌릴 뿐 크게 기뻐하지 않지요. 세상을 따뜻하거나 차갑게 바라보지 않고, 다만 자신의 시선과 온도로 가만히 바라봅니다. 그들의 내면은 단단하고 날카로운 듯하지만 실은 누구보다 연약합니다. 깨지기 쉽기 때문에 오히려 날카롭게 표현하고, 세상의 냉혹함을 알기 때문에 기대보다는 체념이 익숙할 뿐입니다. 결국 상처가 많은 사람일수록 더는 상처받지 않기 위해 냉소주의자가 된다고 믿습니다.

지나친 관심을 받고 싶진 않습니다. 칭찬을 좋아하지만 일부러 칭찬받기 위해 애쓰고 싶진 않습니다. 사회생활에 적합하지 않은 사람이지만 그렇대도 어쩔 수 없는 일이겠죠. 누구나 갑자기 모습을 바꾸려 하면 어딘가 어긋나기 마련이잖아요. 하지만 세상에는 때마다 어긋나지도 않고 시시때때로 모습을 바꾸는 사람들도 많습니다. 지켜야 할 것들이 많아지고, 현실에 안주한 채 살다 보면 누구도 자신이 어떻게 변할지 짐작할 수 없겠지요. 확신과 다짐도 한순간 무력해지는 게 삶이니까요.

생각과 감정이 날마다 포화를 이룹니다. 이렇게 소란한 내면을 과연 누가 감당할 수 있을까요. 소란은 전염성이 짙어서 주변을 쉽게 감염시킵니다. 그러니 지체 없이 저를 지나쳐도 좋습니다. 하지만 구태여 소란한 제 삶에 관여하겠다면, 저는 또다시 그것을 인연으로 여긴 채 온 마음을 쏟을 수밖에요. 예민하고 복잡한 냉소주의자의 일상도 다른 누군가와 함께한다면 행복이 깃들 수 있을까요. 사람에 대한 미련과 희망이 현실이 되기 전까지는, 저는 줄곧 모든 걸 냉소로 일관하며 제 몫의 삶을 살겠습니다.

사랑보다 중요한 것들

우리는 결국 사랑과 이별을 말할 수밖에 없지만, 날마다 사랑과 이별만을 말해서는, 그리고 그것 이외의 것들을 외면해서는 안 된다.

사랑이 없는 삶은 불행할 수도 있겠지만, 삶이 없는 사랑은 존재 자체가 불가능하기 때문이다. 사랑 없이는 살 수 없다는 말도 삶의 지평 위에 전개되는 이야기이다. 사랑은 우리가 삶을 더욱 깊숙이 살 수 있게 만들지만, 삶의 방식에 따라 사랑의 형태도 천차만별이다. 사람들은 저마다 자신만의 사랑을 간직하고 있다. 돌아보면 결국 보편적인 사랑일지라도 자신에게는 너무도 특별한 사건이었기 때문에 누구나 자신의 사랑을 각별하게 생각한다. 풋사랑도, 짝사랑도, 애절하고, 열정적이고, 고귀한 사랑도, 깃털처럼 가볍고, 기형적인 사랑까지도. 그때의 자신에게만큼은 유일한 사랑이었기 때문에.

어쩌면 사람들은 이미 사랑 이야기에 지쳐버렸는지도 모른다. 모두가 사랑을 말하고, 누구나 이별 후의 미련과 후회와 그리움을 말하고, 그리고 아무나 알지도 못하는 사람들에게 다 괜찮을 것이라고 함부로 위로를 건넨다. 사랑은 커다랗고 거부할 수 없는 삶의 한 부분이다. 하지만 우리는 사랑을 감싸고 있는 우리의 소중한 일상 또한 정성껏 돌봐줘야 하지 않을까. 사랑은 지나가도 우리의 삶은 이 순간에도 여전히 지속된다. 우리의 마음이 과거를 향하고 있을지라도, 우리의 삶은 일말의 망설임도 없이 앞을 향하고 있다는 것을 우리는 알아야 한다.

우리의 일상은 사랑보다 소중하다.

독서의 마음

나는 결코 책을 많이 읽는 편은 아니지만, 누군가 내게 취미를 묻는다면 주저 없이 독서를 좋아한다고 말한다. 그러면 사람들은 나의 겉모습을 훑어보며 의심의 눈초리를 보내며 이렇게 묻는다. 정말인가요. 책 같은 걸 출간했다던데 정말인가요. 본인이 직접 쓴 글이라던데 정말인가요. 나는 그 질문들을 수없이 들으며 사는 사람이다. 친구들이 놀리듯 말해주길 나는 기생오라비처럼 생긴 사람인데 왠지 겉모습과 전혀 어울리지 않는 취미를 갖고 있기 때문이라고. 그 놀림도 이제는 싫증난 지 오래되어서 아무런 거부감없이 수긍할 따름이다. 하지만 누가 뭐래도 독서를 향한 나의 마음은 가볍지 않다.

책을 읽으면 내가 그동안 읽었던 책들과, 그리고 그것들과 관련된 기억과 감정이 연결되어 하나의 띠를 이루는 느낌을 받는다. 전자기기에 오류가 발생하면 가장 먼저 리셋 버튼을 누르는 것처럼 삶에 지쳐있을 때 책을 읽으면 굳은 뇌세포에 자극이 전달되어 그동안 내가 잊고 살았던 것들이 떠오른다. 이를테면 오래전 숱한 고민 끝에 간신히 찾았던 삶에 대한 태도나 균형 같은 것들도 일상에 무뎌진 채 긴장 없이 살다 보면 조금씩 잊히기 마련이다. 그때마다 사람들은 각자의 리셋 버튼을 누르는데 내게는 그 버튼이 책일 뿐이다. 많이 읽진 않아도 이따금 책을 손에 쥔다는 것 자체가 내게는 자신을 향한 다짐과 결심이기 때문이다.

누군가는 책을 읽는다는 것을 고리타분하다고 생각할지도 모르겠지만, 나는 책에 골몰해 있는 것처럼 근사한 모습도 없다고 믿는다. 비록 그런 모습이 되기 위해 책을 좋아하는 건 아니지만, 그 만큼 생산적이고, 세련되고, 고상하며, 게다가 남에게 피해를 주지 않을뿐더러, 자신의 마음과 친밀해지는 취미도 없다고 생각한다. 자신의 과거와 현재의 모습을 객관적으로 바라볼 수 있는 기회와, 다른 사람들의 일평생 고뇌의 결실들을 한 손에 쥐어볼 수 있다는데, 더군다나 그게 단돈 만 오천 원 정도라면 독서야말로 더할 나위 없이 매력적인 취미가 아닐까.

사람들은 점점 더 다른 사람과 연결되는 것을 좋아한다. 연결되었다는 '사실'보다는 연결되었다는 '느낌'을 좋아한다. 현실에서나 그리고 인스타그램과 같은 가상의 공간에서도 우리는 실시간으로 서로의 연결됨을 '재확인'하느라 서로의 공간을 분주하게 오간다. 그런데 우리가 놓치고 있는 중요한 한 가지는 우리가 다른 사람들과의 연결에만 신경 쓰느라 정작 우리 자신에게는 좀처럼 연결되지 못한다는 점이다. 자신만의 인식과 사고, 그리고 고유한 감정들이 다른 사람들로부터 흔들린다. 그렇게 자신이 사라져가는 위태로운 느낌을 아는 사람들은 잃어버린 균형을 되찾으려 혼신의 힘을 기울인다. 그럴수록 나는 독서에 몰두한다. 내가 흔들릴 때 다시 나 자신으로 돌아올 수 있는 유일한 길 같아서.

하지만 독서가 고상한 이미지를 품고 있다고 해서 그 이외의 취미보다 결코 우월하다는 뜻은 아니다. 책은 단지 수많은 선택지 중 하나일 뿐이고, 오히려 직접 경험하며 살기 위해서 책을 멀리하는 사람들도 많으니까. 각자의 방식으로 자신의 삶이 조금 더 온전해진다면 구태여 그 수단이 독서일 이유는 어디에도 없다. 내게는 아무리 절대적인 존재도 다른 사람에게는 지극히 무용한 존재가 될 수 있는 것처럼. 다만 나는 책을 좋아하냐는 물음에 언제까지나 이렇게 주저 없이 대답하는 삶을 살고 싶다.

저는 책을 좋아해요. 그것만은 정말입니다.

타인이라는 중력

　사람과 마주할 일이 좀처럼 없었던 흘러간 시절과, 날마다 수많은 사람을 마주해야 하는 지금의 날들을 비교한다. 분명한 건 책에서 읽었던 '타인의 지옥'이라는 말을 이제는 피부로 절감하게 되었다는 것이다. 마주하는 사람이 많아질수록 '타인의 희망'과는 거리가 멀어지는 느낌이다. 물론 타인이 희망으로 느껴질 때도 있다. 우연과 행운의 힘으로 마음의 결이 맞는 타인들과 인연이 닿아 깊어질 때가 그렇다. 하지만 마주하는 타인들을 취향대로 선택할 수 없는 상황 속에서는 무한하게 증식하는 타인들의 숫자가 중력처럼 나를 한없이 바닥으로 끌어 내린다.

　사람은 자아가 소멸될 때까지 타인의 지옥에서 탈출할 수 없다. 여행을 떠나고 싶다는 마음은 일상에서 벗어나고 싶다는 일탈의 욕망보다는 타인으로부터 벗어나고 싶은 고독의 욕망인지도 모른다. 어쩌면 사람마다 자신이 감당할 수 있는 타인의 숫자가 정해져 있는 건 아닐까. 그래서 그 숫자를 넘어서는 순간 마음에 평온을 주던 타인이라는 존재는 순식간에 정신과 마음을 옥죄는 사슬이 되어 서로를 할퀴기 시작하는지도. 이따금 인맥의 축복을 받은 사람들은 타인이 어떤 상황에서도 자신에게 희망이 될 것이라 착각하지만, 그것은 단지 아직 자신이 그 어떤 상황에 노출되지 않았을 뿐일지도 모른다.

타인에게 둘러싸여 자아의 소멸을 경험했던 사람들은 그 경계를 본능적으로 직감한다. 그래서 감당할 수 있는 타인의 숫자를 넘어서면 그들은 지옥의 기억을 떠올리며 필사의 발버둥을 친다. 그렇게 우리는 각자의 경험을 기반으로 자신만의 고유한 경계를 만든다. 누구도 쉽게 넘어올 수 없는 견고한 철벽 안에서 온종일 움츠린 채 그곳이 천국이라 믿으며 살아간다. 그런데 아주 가끔 그 경계를 허물고 우리의 삶에 틈입하는 사람들이 등장할 때가 있는데, 그 사람들은 그렇게 우리의 절대적인 존재가 되어 평생을 함께한다. 타인이라 부를 수도 없고, 그렇다고 자신이라 부를 수도 없지만, 나 자신을 온전히 내어줄 수 있는 사람들. 그 사람들의 존재는 우리를 또다시 새로운 질문으로 이끈다.

타인의 지옥을 벗어날 수 있는 유일한 방법이란 모순적이게도 결국 타인과 더불어 살아가는 것뿐일까. 어쩌면 애초부터 지옥이란 천국과 공존하는 공간이거나 마음속을 스치는 찰나의 감정일 뿐인데, 단지 사람들의 한 부분만 보려 하는 습성 때문에 억지로 탄생된 상상의 공간은 아니었을까. 우리는 자신과 다른 타인의 전체를 들여다보려 하지 않는다. 우리는 단지 서로가 원하는 부분만을 바라보며 그것이 상대방의 전체일 것이라 믿고 싶을 뿐이다.

타인이라는 중력은 결국 내 마음속 어긋난 압력일지도 모른다.

일상의 이면

*

 알람 소리에 맞춰 간신히 몸을 일으킨다. 밤사이 도착한 표정없는 메시지들과 소란한 기사들을 확인하고 몸을 씻는다. 음악이나 라디오를 틀어두고 출근 준비를 하지만 아무런 소리도 듣지 못한다. 거울 앞의 나는 상념에 잠겨 멀뚱한 표정을 짓고 있을 뿐이다. 어느새 달력이 바뀌었지만 삶의 의지가 변하지 않는다면 결국은 똑같은 하루들이 쌓여 무미건조하게 달력을 채워나갈 것이다.

 달력은 사람들의 낙담과 다짐을 도맡는 신비로운 능력을 지녔다. 달력만큼 인간의 삶을 깊숙하게 관장하는 사물도 없다는 건 명백한 사실이니까. 달력은 풍요이고, 염원이고, 방향이며, 그리고 삶에 대한 지배이다. 우리는 달력을 넘긴 횟수만큼 살아온 것이다. 똑같은 횟수만큼 달력을 넘길지라도 누군가는 단지 낡고, 누군가는 무르익는다.

그렇게 인간의 삶이란 무엇하나 분명한 게 없다는 점에서 불안인 동시에 설렘이다. 물론 그 어떤 생각과 감정도 달력 앞에서는 무력할 따름이겠지만. 달력은 다만 사람에 의해 한 장씩 묵묵히 넘겨질 뿐 아무런 목적도 책임도 없다.

*

운전대를 잡고 늘 오가는 익숙한 길로 출근한다. 아무런 긴장도 없는 이 권태가 일종의 평온이라는 걸 알면서도, 출근길의 익숙한 풍경들 앞에서는 하품이 나온다. 불현듯 며칠간 찾아봤던 영화 속 장면들이 뇌리를 스친다.

어릴 적 처음 봤을 때는 저질적인 대사들과 장면들만 가득하다고 생각했던 한재림 감독의 '연애의 목적'이 이제는 완전히 다른 영화처럼 느껴진다. 연인들은 아무리 자신들의 사랑은 특별하다 믿을지라도 결국은 욕망이 뒤섞인 비슷한 감정을 벗어날 수 없고, 언제나 늘 같은 실수를 반복하며 사랑의 생애를 순환한다.

장준환 감독의 '1987'을 떠올리며 박종철에서 이한열로 이어졌던 참혹한 우리 현대사의 혼돈을 돌이켜보며 탄식의 한숨을 내뱉는다. 영화가 끝난 극장에서 앤딩크레딧이 전부 올라갈 때까지 쉽게 자리를 뜨지 못한 사람들이 마주했던 감정의 정체는 무엇이었을까.

짐 자무시의 '패터슨'을 떠올리며 날마다 똑같이 반복되는 주인공 버스 기사의 일상처럼 우리의 일상도 똑같이 반복되지만 자세히 들여다보면 단 하루도 똑같은 날은 없다는 걸 깨닫는다. 그렇게 일상의 겉모습이 아닌 그 너머의 이면을 바라볼 때 비로소 다른 의미를 찾고 행복에 가까워질 텐데.

*

하지만 지금의 나는 익숙한 일상의 겉모습을 무의식적으로 따라와 어느새 공항 주차장에 도착한다. 회사 건물에서 사람들을 마주치고, 진심과 가식을 적당히 섞어 체면치레를 하고, 그렇게 마주앉아 식사를 한다. 비행기에서 근무할 때는 나를 한껏 내려놓으려 애쓰지만 결코 꿈이라는 마지막 끈만은 놓지 않는다.

어쩌면 그것이 내가 생업을 버틸 수 있는 삶의 부목인지도 모른다. 기내에서 별다른 일이 발생하지 않는다면 오늘도 같은 공항 게이트를 나와 같은 길로 차를 몰고 퇴근할 것이다. 적당히 차가 막힐 것이고, 집에 돌아가면 적당한 식사를 할 것이고, 몸 상태가 나쁘지 않다면 적당한 운동도 할 것이다. 어쩌면 퇴근길에 친구에게 연락이 와서 약속을 잡을 수도 있겠고, 문득 쇼핑몰에 들러 옷 구경을 할 수도 있겠다. 그러다 점원과 말다툼을 벌일 수도 있겠고, 기분 좋은 대화에 하루의 피로가 녹을 수도 있겠다. 하지만 나는 결국 곧장 집으로 돌아갈 것임을 안다. 그게 나의 평범한 일상이고, 나는 그 일상의 반경을 쉽게 벗어나지 않는 사람이니까.

*

단조로운 강물도 여전히 흘러간다. 이따금 바람이 불면 조용한 파문이 일지만, 강물은 단지 묵묵히 감내할 뿐이다. 일상의 흐름 또한 대부분 잔잔하게 반복되는 날들이지만, 가끔 작은 변수로 인해 일상의 경로가 바뀌기도 한다. 하지만 결국 변수를 우회하여 익숙한 제자리로 돌아오는 것. 그리고 그 찰나의 여정으로부터 일상 속 숨겨진 삶의 묘미를 찾아내는 일. 그것이 지금 내가 당면한 가장 쉽고도 난해한 과제가 아닐까.

웃는 얼굴

　서비스직에 종사하면서 내게 찾아온 좋은 변화 중 하나는 가식일지라도 웃는 인상으로 변해간다는 것이다. 심지어는 내가 인상을 찌푸리고 있다고 생각할 때조차 타인들로부터 인상이 밝다는 칭찬을 듣기도 하는데 유독 이럴 때 내가 참 많이 변했다는 걸 느낀다. 물론 찌푸린 얼굴보다는 웃는 얼굴이 훨씬 좋은 모습이겠지만, 한편으로는 의식적으로 웃는 표정을 유지하기 위해 얼마나 녹록지 않은 날들을 보냈는지 떠올라 씁쓸하기도 하다. 그럼에도 미소를 유지하는 일이 메뉴얼인 직업을 갖게 된 이후로는 참을 수 없는 분노가 차오를 때가 아니라면, 무의식으로 부드러운 인상의 범주 안에서만 얼굴의 표정을 바꿀 수 있게 되었다.

　감정과 마음을 표정과 분리한 채 숨길 수 있다는 건 일종의 편리한 변화이기도 하다. 이를테면 웃는 얼굴이 된 이후로는 타인들도 나를 웃는 얼굴로 대할 때가 많아졌고, 그렇게 자칫 스쳐 지나갈 수도 있었던 긍정적인 변화와 기회들이 자연스레 나를 찾아왔다. 부끄럽지만 나는 웃는 얼굴은 나약함의 상징이라고 믿었던 시절을 살았다. 누군가는 웃는 사람을 살갑게 대하지만, 누군가는 웃는 사람을 얕보기 마련이니까. 그럼에도 분명한 건 웃는 얼굴은 사람을 매료시키는 힘이 있다는 것이다. 다정하고 친절한 미소를 짓는 사람에게는 마음이 먼저 움직인다. 미소는 사람을 이어주는 첫 번째 매듭이 될 수 있다는 걸 깨닫는 요즘이다.

낭만의 이면

 이곳은 흐린 날의 파리입니다. 나는 아주 잠시 이곳에 머무는 까닭에 파리의 민낯을 온전히 감각할 수는 없습니다. 하지만 파리와 프랑스가 단지 낭만으로 가득한 환상의 공간은 아니고, 예술과 철학의 이면에 깊이 잠든 혁명과 전쟁의 흔적을 조금은 알고 있습니다. 물론 잠시 머물다 떠나는 이방인이 구태여 현지의 사정에 지나치게 깊숙해질 이유는 어디에도 없겠지만요. 주요한 관광 명소에 도착해서 쉴 새 없이 사진을 찍고, 유명한 식당과 카페에 들러서 즐겁게 음식을 먹고, 피로가 찾아오면 그날의 일정을 마치고 숙소로 돌아온대도 전혀 상관없습니다. 어쩌면 그것이 짧은 여행을 대하는 가장 효율적인 방법이기도 하니까요.

 하지만 낭만의 환상을 좇아 이곳을 찾는 많은 사람들이 대부분 낭만의 껍데기만 간직한 채 돌아가는 듯합니다. 낭만의 도시를 거닐며 우리가 일부러 외면한 시선들을 기억합니다. 지저분하고 불편한 부분을 발견하면 이런 모습은 낭만과 어울리지 않는다며 인상을 찌푸리며 외면하던 발걸음을 기억합니다. 하지만 누구나 취향대로 보고 싶은 부분만 본다는 점이 여행과 삶의 묘미가 아닐까요. 한국에서 세상을 바라보던 시선이 해외라는 이유만으로 한순간 크게 변하진 않습니다. 빛을 바라보던 사람은 여전히 빛에 이끌리고, 어둠을 바라보던 사람은 기필코 어둠에 사로잡힙니다.

그럼에도 낭만을 찾고자 한다면 이곳 파리에 견줄 만한 도시도 많지 않을 겁니다. 과거의 흔적이 고스란히 남아있는 아름다운 건축물, 수많은 예술 작품이 잠든 미술관, 예술가들이 한데 모여 어울리던 오래된 카페들, 도시를 품고 조망하는 센강과 에펠탑, 그리고 그 모든 장소와 어우러지는 자유롭고 감각적인 사람들. 나는 그 틈 사이를 잠시 거닐며 파리의 껍데기만 체험한 채 다시 한국으로 떠날 채비를 합니다. 그리고 한국에 도착하기가 무섭게 파리에서 찍은 그럴듯한 사진들을 업로드하면서, 이제는 파리에 대해 전부 다 안다는 듯 사람들에게 자랑을 하겠지요. 그렇다면 나는 과연 파리에 다녀왔다고 말할 수 있는 걸까요.

뜻밖의 선물

 아무런 계획 없이 길을 나설 때의 좋은 점은 목적지가 없기 때문에 순수하게 내 마음 이끌리는 곳이 목적지가 된다는 점이다. 무작정 걷다가 나를 본능적으로 멈춰 서게 하는 곳이 있다면 그곳이 애초부터 예정된 장소인 것처럼 숨을 돌리며 머물 수 있다. 생각해보면 사람과 인연을 맺을 때도 그랬다. 계산기를 전부 내려놓고 사람들 속으로 뛰어들었을 때. 초라한 민낯의 마음도 괜찮다며 다독여주는 사람을 만났다. 그 사람 곁에서 꾸밈없이 숨 쉴 수 있었고 그렇게 온전한 나 자신으로 살아갈 수 있었다. 뜻밖의 선물처럼 만났지만 영원처럼 곁을 지켜주는 사람. 불현듯 나타나 삶의 새로운 목적지가 되어주는 사람. 예정에 없던 우연한 만남을 선물로 생각하는 사람의 마음이란. 이 시대에 얼마 남지 않은 고귀한 가치라고 믿는다.

자백하는 날

저는 분명 특정한 집단에 소속되어 있지만 어느 곳에도 소속되지 않은 듯한 기분입니다. 저는 늘 어딘가에 소속된 채 살았지만 때마다 소속감을 느끼지 못한 채 개인으로서의 주체적인 삶에 열망을 다했습니다. 집단에서의 성과보다는 오로지 저라는 인간의 발전과 더불어 자아가 확장되고 깊어지기를 바랐고, 집단 속 노동의 결과물이 일종의 개인 창작물처럼 차곡차곡 쌓여가길 바랐습니다. 그리고 그것만이 내 삶의 찬미와 감정적 고양을 가져다줄 것이라 믿었습니다. 저는 분명 집단 속에서 탁월한 일꾼이 아닐뿐더러 좀처럼 존재가 드러나지 않는 일원입니다. 집단의 시선에서 저는 업무에 적극성이 부족하고, 동료들과의 관계를 위해서도 노력하지 않는 직원, 이를테면 업무 역량과 사회성이 미흡한 개인주의자에 불과합니다.

그런데 스스로 개인주의자라는 믿음으로 살더라도 대부분의 상황에서 이기주의자로 오해받는 건 적잖이

억울합니다. 아무리 제가 부분적으로 이기적인 사람이라고는 해도 어떤 경우에도 인간의 도리를 저버리거나 집단이나 상대방에게 손해를 끼친 적은 없습니다. 오히려 개인의 발전을 위한 열망과 노력이 우연히 집단에게도 도움이 된 적이 있었을 뿐 애초부터 집단의 이익을 위해 저의 시간을 소모했던 적은 없습니다. 저는 지금도 철저하게 중립을 유지한 채 집단에 소속되어 있으면서도, 심적으로는 여전히 완벽한 개인으로서의 삶에 전념합니다. 애초부터 집단과는 어울리지 않는 사람이었지만, 사회에서 한 사람의 몫을 하기 위해 최소한의 사회성을 터득한 결과이기도 할 겁니다.

출근하면 저는 가면을 쓰고 남들만큼의 연극을 시작합니다. 마치 제가 연극배우가 된 것처럼 마음을 다잡고 사람들을 대면합니다. 집단의 이익을 위한 연극이 아닌 오로지 저의 삶과 밥벌이를 위한 수단으로서의 연극인 셈입니다. 그렇게 저는 받아가는 돈에 대한 의무를 성실하게 이행합니다. 어떤 날은 저의 연기가 완벽하게 성공하지만 또 어떤 날에는 심신의 상태가 좋지 않아 어설픈 연기를 보여줍니다. 저의 연기를 감상하는 사람에 따라 저는 명확한 사람이거나 사회 부적응자이고, 개성이 강하거나 유별난 사람이며, 자기 지향적인 사람이거나 이기주의자가 되겠지요. 분명한 건 제가 스스로 어떻게 말하고 생각하든 혹은 남들이 저에 대해서 어떻게 말하고 생각하든 그 모습들이 저를 구성하는 전체의 일부라는 사실입니다. 모두 저의 모습인 동시에 모두 저의 모습이 아닙니다. 그리하여 저도 모르는 제 모습에 대해 애써 증명하려는 노력은 늘 무력해집니다. 사람은 오래 보아야 알 수 있다지만 대부분 순간적인 인상만으로 서로를 판단하니까요.

이 글을 기록하며 정체 모를 죄책감이 밀려옵니다. 아마도 제가 어떤 삶을 추구한다 해도 일단 집단에 소속된 이상 직장인에 적합한 태도로 살아야 한다는 불가피한 통념이 제게도 각인된 탓일 겁니다. 개인주의는 결코 남들에게 피해를 주지 않는 조용하고 쓸쓸한 삶의 태도일 뿐이라고 저 자신을 구태여 변호하고 싶었나 봅니다. 물론 동료들은 제 생각과는 전혀 달리 저로 인해 적잖은 피해를 겪었다고 생각할지도 모르겠지만요. 누구에게도 미안하다는 말을 하고 싶었던 건 아닙니다. 다만 저의 삶을 끈질기게 추궁해보고 싶었습니다. 그럼에도 제 삶은 괜찮은지 묻고 싶었습니다. 내일도 어제처럼 집단에 소속된 채 익숙하게 업무를 시작할 테지만, 때로는 더는 참을 수 없어 이렇게 자백하는 날이 찾아오나 봅니다.

진찰

*

　독감의 유행. 병원은 아픈 사람들로 북적인다. 인파를 피하려 이른 시간에 방문했지만 나는 오래도록 사람들 틈에 낀 채 순서를 기다린다. 회복을 위해 이곳에 모인 사람들이 오히려 병원 곳곳을 부유하는 바이러스의 감염에 가장 취약한 상태라는 건 모순적인 일이다. 공기를 잠식한 바이러스는 사람을 뚫고 틈입한다. 나는 건강한 편이다. 아니. 건강한 편이라고 믿는다. 늘 건강과 상반되는 상황을 곁에서 지켜보며 자라온 나로서는 건강에 대한 강박이 있다. 그래서 강박적으로 운동을 하고, 강박적으로 섭생을 챙긴다.

*

　강박은 욕심이 되어 나를 갉아먹는다. 지금보다 탁월한 몸 상태를 만들기 위해서, 예전처럼 연약한 몸이 되지 않기 위해서, 그리고 내심 멋진 몸매를 만들기 위해서. 나는 몸살을 앓거나 관절에 염증이 발생해도, 게다가 비행 근무로 밤을 샜더라도 강박적으로 운동을 하며 몸을 혹사한다. 탈진한 몸은 끝없이 휴식을 요구하지만 강박에 잠식된 나는 일과 운동을 기계처럼 반복하며 컨디션을 극한으로 밀어붙인다. 결국 그렇게 또다시 일을 소화하지 못할 만큼 몸 상태가 악화되면 미련한 나 자신을 원망하며 병원을 찾는다.

*

진찰을 받는다는 건 의사가 나를 더 세심하게 살펴볼 수 있도록 내 속을 드러내는 일이다. 청진기가 나의 숨을 온전히 감각할 수 있도록, 체온계가 나의 온도를 정확히 측정할 수 있도록 자신을 드러내는 일이다. 동시에 우리 또한 진찰을 받는 동안 의사를 관찰한다. 나를 살펴보는 의사의 미세한 표정 변화가 무엇을 의미하는지, 찰나의 침묵은 어떤 생각을 품고 있는지, 떨리는 입 모양은 무엇을 망설이고 있는지. 도무지 영문을 알 수 없어 혼자만의 불안에 잠긴다. 다만 의사의 진단을 막연히 짐작해볼 뿐이다.

*

생각해보면 의사와 환자의 관계가 아니더라도 사람을 관찰하며 진단하는 건 우리의 일상이다. 다만 병원에서는 의학적 근거로 진단을 하지만 우리는 단지 짐작으로 사람을 판단한다. 사람의 일부를 기반으로 모든 가능성을 짐작해서 의사보다 쉽고 빠르게 진단을 내린다. 그리고 치료와 회복의 기약도 없이 사람을 무심히 떠나보낸다. 어쩌면 사람을 살펴본다는 건 서로의 마음에 청진기를 대어보는 일과도 같다. 찰나의 느낌으로 섣부른 판단을 내리기 전에 혹시나 나의 생각이 오진은 아니었는지. 다시 한 번 서로에게 귀 기울여보는 신중함이 필요하다. 진단과 판단에 가장 중요한 건 속도보다 정확성이니까.

유흥의 거리

밤늦게 퇴근을 한다. 자정에 가까운 시각. 내가 사는 오피스텔은 유흥가의 중심에 있다. 사람들로 가득한 거리에서 자동차는 좀처럼 움직이지 못한다. 분명 자동차 전용 도로인데 어쩐지 내가 인도로 차를 들이밀고 들어온 몰상식한 사람이 된 느낌이다. 술집의 사람들이 거리로 몰려나와 연신 담배를 피우고. 담배연기로 가득한 거리는 안개가 낀 것처럼 사위가 뿌옇다. 한껏 멋을 부린 한 무리의 사람들이 안개를 뚫고 술집으로 입장한다.

유난히 거리가 북적이는 금요일 밤. 달력 대신 비행 스케줄에 의지해 사는 나는 유흥가의 인파로 뒤늦게 요일을 깨닫는다. 유흥가는 날마다 취객들의 토사물로 물들고 담배꽁초와 업소의 전단지들로 뒤덮인다. 누군가 거리에 빈 박스를 버리면 저 멀리서 폐지 줍는 노인이 리어카를 끌고 다가온다. 남루한 차림새로 거리를 누비는 그는 빈 박스를 집어 자신의 리어카에 싣는다. 이 밤이 끝나면 그는 하루치의 성과를 짊어지고 만남의 장소로 향할 것이다. 얼마나 많은 폐지를 모아야만 국밥 한 그릇과 맞바꿀 수 있는지 나는 모른다. 단지 나는 이 거리를 관통해 집으로 향할 뿐이다.

유흥가는 쾌락과 슬픔이 뒤섞인다. 그렇지만 사람의 흔적이 있는 곳이라면 어디라도 비슷한 모습이다. 웃는 사람 곁에는 반드시 우는 사람이 있다. 우는 사람은 웃음에 대해 무지하다. 웃음의 감각 자체를 상실했기 때문에 그들은 울음에 정착한다. 하지만 웃지도 울지도 않는 사람은 가엾을 따름이다. 중립의 영역은 늘 위태롭고 따분하지만, 그럼에도 대부분의 사람들이 평생동안 중립을 유지한 채 자신의 생각과 감정을 지운다. 무엇보다 나 또한 어느새 회사에서 철저하게 나를 숨긴 채 중립을 살아가니까. 각자가 짊어진 삶의 무게를 누가 섣불리 짐작할 수 있을까.

어쩌면 유흥가의 쾌쾌한 안개는 담배연기가 아닌 사람들의 수많은 한숨으로 이뤄진 공허한 삶의 형체인지도 모른다.

항공 노동자의 기록

날마다 공항을 오가는 수많은 사람들을 관찰한다. 평소에 내가 가장 인상 깊게 관찰하는 장면들이 있다면 바로 도착층 게이트 앞 사람들의 표정 변화다. 그리운 누군가를 마중 나온 사람이, 멀리서 걸어오는 그 사람과 눈이 마주쳤을 때의 표정이란. 만남과 작별이 수없이 이뤄지는 공항 속 가장 아름답고 낭만적인 장면이다. 재회의 순간은 공항을 그들만을 위한 독립된 공간으로 만들고 흘러가는 시간을 멈춰세운다.

하루에도 수십 만 명의 사람들이 떠나고 그만큼의 사람들이 돌아온다. 항공기보다 더 빠르고 편리한 이동 수단이 발명되기 전까지는 멈추지 않고 계속될 풍경이다. 세상의 모든 만남과 작별이 존재하는 곳. 그래서 세상의 모든 낭만과 슬픔이 공존하는 곳. 날마다 공항과 기내에서 수많은 사람들을 마주하며 일한다는 건 행운일까 혹은 불행일까. 찰나의 인연이 서로에게 남길 수 있는 건 선물일까 혹은 상처일까.

끝없는 질문들 앞에서 나는 말없이 사람들을 관찰할 뿐이다. 오늘도 서로를 모른 채 한순간 스쳐 지나가는 모든 사람들을.

우리는 서로를 모르고

Copyright ⓒ 2018 by 오수영

1판 1쇄   2018년 06월 25일
1판 3쇄   2019년 03월 26일
2판 1쇄   2020년 05월 14일
2판 5쇄   2023년 12월 19일
3판 1쇄   2024년 05월 13일
3판 2쇄   **2024년 10월 28일**

글   오수영
편집   오수영
디자인   오수영

발행인   오한조
발행처   고어라운드
출판등록   2021년 4월 12일 제 2021-00000025호
전자우편   grd-books@naver.com
팩스   0504-202-9749

ISBN   979-11-980900-2-7 (03800)

*책의 일부 또는 전부를 재사용하려면 반드시 저작권자와 고어라운드 출판사 양측의 동의를 얻어야 합니다.
*잘못된 책은 구입하신 서점에서 교환해드립니다.